당연한 것은 아무것도 없다

소소한 오늘은

내게 허락된

소중한 선물이다

당연한 것은 아무것도 없다
소소한 오늘은 내게 허락된 소중한 선물이다

지은이 | 방민경
초판 발행 | 2022년 2월 16일
등록번호 | 제1988-000080호
등록된 곳 | 서울특별시 용산구 서빙고로65길 38 두란노빌딩
발행처 | 사단법인 두란노서원
영업부 | 2078-3352 FAX | 080-749-3705
출판부 | 2078-3331

책 값은 뒤표지에 있습니다.
ISBN 978-89-531-4141-4 03230

독자의 의견을 기다립니다.
tpress@duranno.com http://www.Duranno.com

두란노서원은 바울 사도가 3차 전도여행 때 에베소에서 성령 받은 제자들을 따로 세워 하나님의 말씀으로 양육하던 장소입니다. 사도행전 19장 8-20절의 정신에 따라 첫째 목회자를 돕는 사역과 평신도를 훈련시키는 사역, 둘째 세계선교(TIM)와 문서선교(단행본·잡지) 사역, 셋째 예수문화 및 경배와 찬양 사역, 그리고 가정·상담 사역 등을 감당하고 있습니다. 1980년 12월 22일에 창립된 두란노서원은 주님 오실 때까지 이 사역들을 계속할 것입니다.

소소한 오늘은

내게 허락된

소중한 선물이다

당연한 것은
아무것도 없다

방민경 지음

두란노

목차

#그럼에도 감사합니다 44

#주가 일하신다 86

추천사

당황스럽고 난감한 상황이 닥쳤을 때 과연 주님이 주시는 '살롬'을 유지하는 것이 가능한가, 라는 의문이 들 때가 있습니다. 이 책의 저자는 바로 이 의문에 대한 답을 경험했습니다. 너무나 당황스럽고 힘든 일을 겪는 과정에서 주님이 인생의 주인이심을 새삼 깨닫고 세상이 알 수 없는 평안을 맛보았습니다.

남편이 죽음의 문턱을 오가는 상황에서도 감사하기로 결단한 저자와 가족들의 모습은 비슷한 아픔을 겪고 있는 신앙인들에게 큰 도전이 됩니다. 뿐만 아니라 이 책은 저자 가족의 고통을 내 것처럼 여기며 간절히 기도해 준 전 세계 기도 동역자들의 삶까지 보살피고 세우시는 하나님을 만나게 해줍니다.

이 책의 제목처럼, 하나님과 깊이 동행하는 사람은 '당연한 것은 아무것도 없음'을 늘 기억하며 살게 됩니다. 감사와 사랑을 잃어 가는 이 시대 모든 그리스도인이 꼭 읽어야 할 책입니다. 일독을 권합니다.

이찬수_분당우리교회 담임목사

김윤상 선교사(《예수, 보혈, 구원》의 저자)가 교통사고를 당해 생사를 오가며 무려 24일간이나 혼수상태로 있을 때, 아내 방민경 선교사는 오직 한 가지 '진리'만을 붙들었습니다. 그것은 '하나님은 언제나 선하시고 언제나 옳으시다'는 '진짜 진리'였습니다. 방민경 선교사는 엄청난 시련과 슬픔 가운데서도 감사로 가득 찼으며 하나님은 '하나님의 크기, 하나님의 분량'으로 응답하실 것을 입술로 고백했습니다.

방민경 선교사는 중보기도의 위력을 아는 기도의 사람입니다. 절망적인 상황에 처한 남편을 위한 아내의 애타는 중보기도 요청은 열방의 중보기도자들을 결집시키는 큰 파도가 되었고, 그 기도는 하나님의 보좌를 흔들며 하늘로 상달되었습니다.

방민경 선교사는 이제 남편에게 복음을 전해들은 한 사람 한 사람을 위해 중보합니다. 그리고 자신도 예수 그리스도의 복음을 전할 때면 흥분이 되어 심장이 벌렁벌렁 뛴다고 합니다. 예수님이 그녀에게 베푸신 사랑은 '실제'였습니다. 그 사랑을 혼자 소유해서는 안 되겠기에, 그녀는 오늘 만나는 이 사람이 어쩌면 그에게는 마지막일 수도 있겠다는 절박한 심정으로 때와 장소를 막론하고 그 사랑, 그 진리를 전합니다.

방민경 선교사는 믿음의 어머니입니다. 남편이 사경을 헤매고 있는 가운데서도 어린 세 아들에게 평상시처럼 복음을 전하는 모습이 놀랍습니다. 매 순간 예수님으로 꽉 차 있는 아내요 엄마입니다.

또 남편 김윤상 선교사의 부모님(김봉길, 박성옥 선교사)은 어떤가요? 부모님은 아들이 사경을 헤매는 깊은 슬픔 가운데서도 병원에서 만난 멕시칸 환자 가족들에게 복음을 전했습니다. 김윤상 선교사의 복음 전도 DNA는 부모님에게서 물려받은 것입니다.

이 책은 '진짜 진리'를 붙든 가족이 어떻게 하나님 사랑으로 가득한 가정을 일구며 살아가는지를 보여 줍니다. 부모님에 대한 존경심, 아내와 남편에 대한 사랑, 서로 도와 가며 힘든 시간을 이겨 내는 어린 아들들, 형을 헌신적으로 사랑하는 시동생, 자녀를 향한 부모의 사랑…. 이 가정에 가득한 사랑은 한 가정의 울타리를 넘어 멕시칸 이웃들에게 가지를 뻗어 가고 있습니다. 하나님이 지휘하시는 천상의 오케스트라가 따로 없는 모습입니다. 그 울림은 잔잔하지만 절대 소소하지 않습니다.

'예수, 보혈, 구원!' 자식에게 물려줄 유산으로 이보다 더 큰 것은 없습니다. 저도 저의 가족에게 이 책을 꼭 읽으라고 권할 것입니다.

김영애_《갈대 상자》 저자, 故 김영길 한동대학교 초대 총장 아내

이 책을 쓴 방민경은 저의 제자입니다. 20대 시절부터 방 작가는 이미 하나님을 향한 열정과 순전함을 사모하는 청년이었습니다. 그 시절 김윤상 청년을 만나 귀한 가정을 꾸려 가는 모습을 오랜 세월 지켜보았습니다. 남편 김 선교사가 불의의 사고를 당하고 사투를 벌일 때 저를 비롯한 많은 기도의 동역자들이 간절히 하나님을 찾았습니다. 김 선교사는 그때 혼수상태 중에 예수님을 깊이 만나는 체험을 했습니다. 이 책은 그 사건과 그 이후에 벌어진 일들을 아내인 방 작가의 시점에서 서술한 기록입니다.

방 작가는 저의 선생입니다. 위기 상황에서 어떻게 하나님을 바라보아야 하는지를 그녀는 삶으로 제게 보여 주었습니다. 최근에 제가 질병으로 극한 고난에 처했을 때 방 작가는 쉼 없는 기도와 격려로 제게 용기를 불어넣어 주었습니다. 그녀는 어느 순간부터 기도의 용사로 거듭나 있었던 것입니다. 이 책은 작가의 인생 가운데 나타나신 하나님을 증거하고 있습니다. 살아 계신 하나님, 살피시는 하나님 그리고 살리시는 하나님을 그녀의 고백을 통해 생생하게 경험하게 될 것입니다.

박태양_목사, TGC코리아 대표, 복음과도시 사무총장

현숙한 여인이 되기를 꿈꾸어 왔던 사랑하는 아내. 아내는 사고 당시 어쩌면 의식이 없던 저보다 더 깊은 절망과 절벽 끝에 서 있었을 것입니다. 하지만 아내는 곧 생명의 주인 되신 하나님을 경외하기를 택하였습니다. 생명이 경각에 달린 남편을 눈앞에 두고도 하나님께 믿음 없는 것처럼 보이기 싫어 아이들을 평상시와 같이 돌보고, 살려 달라고 애원하기보다는 하나님을 오히려 높여 드리며, 감사함으로 하나님의 다스리심을 인정했던 삶의 간증이 여기 있습니다.

아내는 예수 그리스도를 믿는 믿음의 자녀였으나 그 삶에 절박함과 애통함이 없었기에 하나님 나라를 풍성히 누리지 못했습니다. 그러나 절망적인 상황에 놓이자, 오히려 그 안에서 하나님께서 주시는 평안과 하나님의 일하심을 경험했습니다. 그리고 하나님께서 혼자가 아닌 우리로 하나 되게 하시며 그 가운데 역사하시는 분임을, 그리고 하나님께서 그것이 하나님 나라의 원리임을 깊이 이해하게 되었습니다.

이 책은 소소했던 일상이 당연한 것이 아니라 모두 하나님의 은혜였음을, 그것이 깨어지고 나서야 비로소 깨달아 알 수 있는 삶의 과정을 담고 있습니다. 이 책을 통해 독자 여러분이 우리에게 주어진 일상을 큰 은혜 가운데 살아가기를 바랍니다. 또한 하나님께서 한 생명을 얼마나 소중히 여기시는지, 독생자 예수 그리스도의 보혈의 능력을 통해 반드시 구원해 내시겠다는 그분의 사랑을 공감하기 원합니다. 그리하여 일상에 지쳐 하나님과 동떨어진 것처럼 느끼는 많은 그리스도인이 다시 하나님 안에서 소망을 품고 일어나는 역사가 일어나기를 바랍니다.

김윤상_선교사, 《예수, 보혈, 구원》의 저자

프롤로그

네 하나님 여호와께서 이 사십 년 동안에 네게 광야 길을 걷게 하신 것을 기억하라 이는 너를 낮추시며 너를 시험하사 네 마음이 어떠한지 그 명령을 지키는지 지키지 않는지 알려 하심이라 너를 낮추시며 너를 주리게 하시며 또 너도 알지 못하며 네 조상들도 알지 못하던 만나를 네게 먹이신 것은 사람이 떡으로만 사는 것이 아니요 여호와의 입에서 나오는 모든 말씀으로 사는 줄을 네가 알게 하려 하심이니라

신 8:2-3

2017년 8월. 하나님의 명령에 순종하여 과테말라 국경을 넘어 멕시코로 들어갔다. 같은 해 4월, 나는 과테말라를 떠나야 할 것 같은 사인을 받았다. 하지만 내게는 세 아이들이 있고, 안정적인 삶이 있던 과테말라를 떠나고 싶지 않아 정말 떠나야 한다면 하나님이 남편에게도 사인을 주시겠지 하는 마음으로 잠잠히 있었다.

얼마 되지 않아 그가 말했다.

"떠나야 할 거 같다."

막내가 새벽에 엄마를 찾지 않을 만큼 자란 2016년부터 나는 새벽기도를 통해 하나님과 친밀한 시간을 이어 오고 있었다. 남편은 2017년 1월부터 새벽기도에 합류했다. 멀찍이 떨어져 앉아 우리는 각자 주님과 깊은 시간을 가졌다. 그리고 우리는 '떠나라'는 동일한 사인을 받았다. 그런 중에 남편이 교회 부목사님과 이야기를 나누다가 멕시코에 대한 이야기를 듣게 되었다. 하나님은 말씀하셨을 뿐

아니라 그 말씀대로 일을 착착 진행시키셨다. 우리가 할 일은 순종하여 떠나는 것이었다.

우리 가족은 일주일 동안 멕시코에 다녀왔다. 이 땅이 정말 주가 말씀하시는 땅이 맞는지 확인하고 싶었다. 아니 그보다 현재의 삶에 안주하고 싶은 마음이 컸기 때문이리라. 하지만 하나님은 우리가 봉사하고 있던 고등부 예배 시간에 같은 성경 말씀을 4주 동안이나 듣게 하셨다. 바로 신명기 8장 2-3절이다.

새벽기도를 다녀오면 떠나야 할 것 같아 머릿속으로 짐을 싸다가, 오후만 되면 말씀을 외면하고 싶어졌다. 그 탓에 위경련까지 왔다.

8월 초 남편이 말했다.

"자꾸 말씀하시잖아. 가야지."

'아, 정말 떠나야 하는구나.'

그날 이후 급하게 차를 처분하고, 이삿짐을 싸고, 어떤 분이 비어 있는 창고를 빌려 주신다기에 그리로 큰 짐들을 옮겼다.

각오는 했다. 사람마다 주어진 때가 다르고, 다루시는 장소가 다르고, 다루시는 분야가 다르지 않은가. 멕시코는 누군가에게는 '가나안'이겠지만 우리에게는 '광야'였다. 그곳이 바로 하나님이 우리를 부르신 곳이었다. 하나님은 신명기 말씀으로 우리에게 '광야로 가라' 하셨다. 각오는 당연히 했지만 목숨까지 내걸어야 할 줄은 상상도 못했다.

"너를 낮추며 너를 시험할 거야. 그런 가운데 너의 마음이 어떠한지, 내 명령을 지키는지 지키지 않는지 알아볼 거야. 또 너를 낮추며 너를 주리게 할 거지만, 난 너와 네 조상들이 전혀 알지 못하는 만나를 줄 거야. 그렇게 하는 이유는 사람이 떡으로 사는 것이 아니라, 여호와의 입에서 나오는 모든 말씀으로 사는 줄을 너희로 깨닫게 하기 위해서야. 그러니 나와 함께 광야로 가자."

함께 가신다고 하니까, 썩 내키지 않지만, 그럼에도 불구하고 발을 내디뎠다. 하기야 '떠나라' 하시는 분이 여호와 하나님이신데, 어찌 더 변명을 늘어놓을 수 있으랴. 우리가 결혼하기로 한 때부터 그분은 가나안에 대한 약속을 주셨다. 가나안은 광야 다음에 주어지는 것이기에, 가정을 세우면서 받았던 주의 약속(가나안)을 붙잡고, 우리는 어린 세 아이를 이끌고 광야 길로 들어섰다.

하지만 아무리 광야라도 당신의 말씀에 순종해 나선 길이었으므로 마음만은 풍요로울 줄 알았다. 하지만 주께서는 나의 마음을 낮추셨고, 나의 마음을 시험하셨고, 나의 마음을 주리게 하셨다. 아주 어려웠지만, 또 매우 심플했다.

'내 마음의 중심이 어디에 있고, 어디를 향해 있는가.'

내 마음이 제련되는 사이, 남편은 현지에서 큰 교통사고를 당했다. 그의 영혼육은 와르르 무너져 내린 뒤 다시 재건되고 있었다. 그는 온몸과 온 마음과 온 영으로 그 고통을 받아 냈다. 그 고통이 어찌나 끔찍한지 감히 글로 옮겨 쓸 엄두도 내지 못했다.

우리는 지금으로부터 3년 전에 일어난 그 일을 'sam 축복 사건'이라고 부른다. sam은 이곳에서 불리는 남편의 이름이다. 사건 후 남편은 야곱이 축복 사건 이후 환도뼈가 어긋났듯 몸에 많은 자국들이 생겨났고 다리를 조금 절게 되었다. 하지만 주님을 얼굴과 얼굴로 만나 뵌 뒤에 다시 인생을 허락받아 주님이 인생에서 가장 중요하게 여기시는 것에 집중하며 살게 되었다.

그 후 2년이 지난 어느 날, 하나님은 내게 그 여정을 책으로 담아 보라는 마음을 주셨다. 나의 기도 제목을 붙들고 함께 기도해 주던 분들도 기도 제목을 묶어 책을 내보면 어떻겠냐는 의견을 주셨다. 하지만 내 마음이 정돈되지 않은 상태여서 무엇부터 어떻게 글을 써야 할지 막막하기만 했다. 그러나 나와 같은 절망적 위기에 놓인 누군가를 위해, 친구와 두런두런 이야기를 나누듯, 그 여정을 글로 담아내기로 했다.

그러는 가운데 시부모님의 추천으로 윤스키의 소그룹 세미나를 8주간 참여했다. 그것을 계기로 주의 명령을 내 삶 가운데 이루기 위한 첫걸음을 내딛기로 했다. 출판사도 정해진 것 없이 주의 말씀에 순종하여 글을 쓰기 시작한 것이다. 아니 나의 주인되시는 여호와 아버지께 선물을 드리고 싶어 글을 쓰기 시작했다.

주님은 내게 받으신 이 선물로 나와 같은 길을 걷고 있는 당신에게 하나님이 지금 이 순간도 살아 계심을, 당신을 생명과 같이 사랑하고 계심을, 그래서 지금 당신과 함께 걷고 싶은 당신의 아버지이심을 들려주고 싶으신 것 같다.

'네 이웃을 네 자신처럼 사랑하라'는 주의 말씀에 순종하여 쓴 이 책이 건네지는 손길에 따뜻한 위로와 작은 격려가 담기기를 바란다.

2022년 2월

방민경

폭풍우가 휘몰아치는 한복판으로
갑자기 밀려들어 왔지만,
내 삶의 주인은 예수 그리스도이시다.
그분께 이 혼란스러운 상황을
맡기면 되었다.

#그 밤에 도착한 메시지

도대체 지금 어떤 상황에 놓인 거지?

잠깐만 다녀온다는 그였다.

'생각보다 모임이 길어지나?'

그러기에는 보통 그가 들어오는 시간보다 한참이 지났다.

자정이 가까운 시간에 우리 가족이 머물던 선교센터 복도에서 웅성거리는 소리가 났다. 궁금했지만, 너무 늦은 시간이었기에 잠을 청하려고 누웠다. 그때 전화벨이 울렸다.

"언니, 언니 오빠가 교통사고가 났대요. 지금 수술에 들어갔대요."

숨이 턱 막히고 앞이 하얬다. 웅성거리던 복도로 나가 보니 내게 전화를 건 선교사가 있었다. 다른 선교사도 이런 상황이 처음인 듯 당황스러워 보였지만, 표정만큼은 담담하려고 애쓰는 눈치였다.

내게 전화 건 선교사의 남편이 수술 동의서에 사인하기 위해 병원에 갔고, 이미 수술에 들어갔다고 했다.

"언니, 수술하고 나면 괜찮아질 거예요."

무슨 말인지 이해가 되지 않았다. 머릿속이 하얘진 나는 병원에 가야겠다는 생각이 들었지만, 어떻게 가야 하는지 몰랐다. 멕시코에 온 지 1년 2개월밖에 되지 않아 막내 유치원과 마켓 가는 길밖에 아는 것이 없었다. 그래도 누군가 병원에 간다고 하면 언제든 따라나설 수 있도록 준비해 놓자 생각했다.

"잠시만 방에 다녀올게요."

운동화를 찾아 신고, 활동하기 편한 옷으로 갈아입었다. 이 상황에 방해되지 않도록 생각나는 대로 만반의 준비를 했다. 깨어나서 내가 없다고 아이들이 당황하지 않도록, 기숙사에서 함께 지내는 청년 선교사들에게 부탁하고 다시 복도로 나갔다. 대표 선교사님이 나와 계셨다.

"전화 받았습니다. 저도 함께 가시죠."

차에 올라탔다. 칠흑같이 어두운 밤, 가로등도 없는 시골의 밤은 한 치 앞을 분간하기 어려웠다.

가끔 밤에 기숙사 앞에 나와 보면 나를 비추는 달이 달그림자를 만들곤 했다. 그것이 참 신기했다. 한국에 살 때도 과테말라에 살 때도 도심에 살았기에 가로등 너머로 달빛을 의식하기란 쉽지 않았다. 그런데 시골로 오니, 별빛과 달빛이 쏟아져 달그림자를 만들어 내는 것이 참 신기했다.

그런데 이날 밤은 비까지 부슬부슬 내려서 그 밝던 달빛조차 하나 없었다. 선교센터 정문을 열고 나가면 바로 고속도로에 올라서게 된다. 사고가 난 지점은 우리 센터에서 가까웠고, 메인도로에서 벗어나 있었기 때문에 양 옆은 빈들이거나 드문드문 들어선 커다란 창고가 다였다. 그래서 도로에는 그 흔한 가로등도 하나 없이 깜깜했다. 오직 자동차의 라이트에만 의존하여 달려야 했다. 가난한 시골 지역인지라 라이트가 없는 차들도 종종 다녔다.

그 길을 달리다가 심하게 파손되어 견인되고 있는 우리 차가 보였다. 경찰들도 경찰차 라이트를 의지해 사고 현장을 확인하고 있었다. 비가 오는 데다 CCTV도 없는지라 사고 현장을 정확히 파악하기란 어려워 보였다. 심하게 깨진 앞 유리, 엉망으로 찌그러진 차, 영화에서만 보던 장면이 바로 남편의 일이라니, 마음이 요동치기 시작했다.

'괜찮아. 조수석이 저렇게 찌그러졌다면 운전석은 좀 덜할

거야.'

요동치는 마음을 지긋이 누르기 위해 혼잣말을 했다. 견인차 위에 올려진 차는 조수석 쪽만 확인할 수 있었다.

'도대체 지금 나는 어떤 상황에 놓이게 된 거지?'

전혀 알 길이 없었다.

커다란 손에 갑자기 낚아채여 어디로 가는지 확인할 겨를도 없이 쑥 빨려들어 가는 것만 같았다. 순식간에 정신을 차릴 수 없이 몰아치는 폭풍우에 놓인 듯했다. 하지만 정신을 차려야 했다.

나는 김윤상의 아내이고, 아홉 살, 일곱 살, 네 살 세 아들의 엄마였다. 어린아이들을 끌어안고 이 상황을 통과해야만 한다. 피할 수도 주저앉을 수도 없는 상황이다. 어떤 일이 기다리고 있는지 전혀 알 수 없지만, 앞을 향해 걸어가야만 했다.

마치 그제와 어제를 거쳐 오늘에 도착한 것처럼, 오늘과 내일을 통과해서 앞으로 나아가야 했다.

어루만지심

깊은 어둠 속에 잠겨 버렸다. 디딜 곳이 없는 나락으로 급하게 빨려들어 가고 있었다.

한 치 앞도 분간할 수 없는 가운데 그가 수술을 마치고 나왔다. 중환자실에 남는 자리가 없다면서 다시 응급실의 간이 침대로 그를 옮겼다. 그때는 이 상황을 이해할 수 없었다. 전쟁 통도 아니고, 위생적일 리 없는 응급환자들과 수술이 막 끝나 감염에 취약한 중환자를 함께 두다니 말이다.

하지만 지금 생각해 보면, 중환자실 침대가 없었기 때문에 수술이 끝난 그의 얼굴을 한참 볼 수 있었다. 새벽 3시 30분, 아직도 어둠이 짙은 시간에 그를 만났다. 그는 인투베이션(폐 기능이 떨어져 기도에 관을 삽입하여 산소 공급을 돕는 기계)을 한 뒤 여러 기계 장치들에 의존하고 있었다.

"오빠, 나야. 민경이."

숨을 한 번 가다듬고 말을 이어 갔다.

"내가 오빠 옆에 있으니까 마음 편안히 가져. 하나님도 함께 계시니까 두려워하지 마."

아직 수술 마취가 풀리지 않은 그에게 말을 걸었다. 깨어나지 않은 사람이라도 귀는 깨어 있으니 말을 하면 다 알아듣는다고 어디선가 들은 것이 생각났기 때문이다.

그런데 신기한 일이 벌어졌다. 그의 눈동자가 눈꺼풀 밑에서 굴러가는 것이었다.

'내 이야기를 듣고 있는 건가?'

"오빠, 민경이 여기 있어. 오빠 옆에 계속 있을 거야."

그의 손을 꼭 잡으면서 말했다. 그때 거짓말처럼 그가 게슴츠레 눈을 뜨더니 내가 거기에 있는지 확인하는 듯했다. 사고가 난 후 처음으로 그의 눈동자와 내 눈이 마주치는 순간이었다. 그는 내 말을 알아들었다는 듯 내 쪽을 향해 고개를 돌리더니 여러 번 끄덕거리고는 내 손을 남은 힘을 다해 꼭꼭 잡아 주었다.

"오빠 마음 다 알아. 아무 걱정하지 말고, 좀 쉬어."

그가 흥분하거나 너무 힘들어하면 안 될 것 같아 애써 괜찮다는 걸 전하고 싶어 하는 그를 말렸다. 이윽고 의사가 왔다. 그의 상태가 매우 심각하기 때문에 계속 재울 거라고 말했다. 내가 "그가 깨어서 나에게 의사를 표현했다"고 전했지만, 그는 마취에서 깨우지 않고 계속 재울 거라는 이야기만 반복했다.

의사는 믿지 않았지만 잠시 깨어난 그는 나에게 '괜찮다'며 손을 꼭 잡아 주었고, '나 잘 이겨 낼 거야'라고 말은 할 수 없었지만 힘껏 고개를 끄덕여 주었다.

850명의 바알과 아세라 선지자를 죽인 후, 이세벨의 눈을 피해 광야로 하룻길쯤 도망쳐 나온 엘리야. 그는 로뎀나무 아래에서 죽기를 소망하며 잠이 들었고, 하나님의 천사는 지치고 두려운 엘리야를 어루만져 주었다. 깨어난 엘리야에게 천사는 '구운 떡과 물을 먹으라' 했다. 조금 먹고 마신 후, 다시 누운 그에게 하나님의 천사는 또다시 와 그를 어루만지며 이르기를 "더 먹으라 네가 갈 길을 다 가지 못할까 하노라" 하며 염려했다. 이에 엘리야는 일어나 먹고 마신 뒤 힘을 얻어 사십 주 사십 야를 가서 하나님의 산 호렙에 이르렀다(왕상 19:4-8).

하나님은 놀란 가슴을 부여잡고 웅크리고 있는 내게 다가와 어루만져 주셨다.

'민경아, 네가 가야 할 길을 다 가지 못할까 봐.'

수술 뒤, 그와 잠시 나눈 눈맞춤은 마치 앞으로 사십 주 사십 야를 달려야 하는 내게 허락하신 하나님의 어루만지심이었고, 구운 떡과 물이었다.

하나님은 '내가 이끌고 가니 넌 갈 수 있어!'라고 말씀하지 않으셨다. 놀란 나의 마음을, 두렵고 무서움에 사로잡힌 나의 마음을 따뜻하게 어루만져 주시고 위로해 주실 뿐이었다. 나의 상태를 깊이 이해하고 부드럽게 다가와 주신 나의 하나님 아버지, 참 따뜻하고 고마웠다.

'그래요. 주님. 사십 주 사십 야를 열심히 가야지요. 주님과 함께 이 길 가야지요.'

첫 번째 수술을 끝내다

꼬박 병원에서 밤을 보냈다.

숨 막히게 쨍한 형광등 아래에서 의사들은 분주했고, 응급 환자가 쉴 새 없이 들어왔다. 도시에서 가장 멀리 떨어진 시골의 낯선 국립병원. 눈에 익지 않은 외국인 의사. 그들의 분주한 움직임. 하지만 그 속에서 난 홀로 적막한 어둠에 덩그러니 놓인 것 같았다. 그럼에도 한 번도 본 적 없는 모습으로 누워 있는 그가 내 앞에 있다는 사실이 한 줄기 빛으로 그 막막한 공간에 들어찼다.

그는 첫 번째 수술을 끝내고 언제 깨어날지 모르는 깊은 수면에 들어갔다.

쨍하게 병원을 가득 메우던 형광등 불빛이 어느새 물러간 뒤 병원은 창문으로 들어오는 햇살로 한층 밝고 따뜻해졌다. 어제 갑자기 찾아온 칠흑 같은 어둠이 나를 압도하며 두려움에 가두려 했지만, 시간은 신실하게 흘렀고, 저녁이 지나니 아침이 되었다.

그를 만난 뒤, 나는 과테말라 선교사이신 시부모님께 메시지를 보냈다. 과테말라에서 이곳까지는 자동차로 9시간 정도 걸린다. 멕시코시티보다는 훨씬 가까운 거리다. 어머니는 보이스톡으로 연락을 하셨다.

"민경아, 너무 놀라서! 우리가 1부 예배를 드리고 출발하기로 했다. 곧 갈게."

"어머니, 서두르지 마세요. 윤상 씨는 재워 놓은 상태예요. 조심해서 오세요."

간단히 통화를 마치고 다시 남편을 바라보았다.

그러곤 어제 일을 되짚어 보았다. 평소 같으면 그의 일이나 사역에 관해 별말을 안 하던 내가 어제는 가지 말라고 몇 번이나 말했다. 그럼에도 가겠다는 그를 굳이 꺾지 않고 꼭 안아 주며 말했다.

"내 말을 안 들어도 내 남편인데, 잘 다녀와요."

몇 주 전부터 이런 생각이 들었다. 등교하는 아이들을 보며, 집을 나서는 남편을 보며, '이 인사가 마지막일 수 있지 않은가. 우리는 자기의 마지막을 알 수 없다. 서로 마음 상하는 일이 있더라도 사랑하는 모습으로 인사를 건네야 한다. 속상한 건 순간의 마음이고, 우리가 서로 사랑하는 사이라는 건 변함없는 가치니까'라는 생각이 들면서, 가족들과 하는 인사에 마음을 들이고 있었다.

'그런데 이런 일이 있을 줄이야. 빨리 다녀오겠다는 그에게 서운한 마음을 담아 인사를 건넸다면, 나는 지금 어땠을까?'

생각만 해도 아찔했다.

그의 어떤 태도가, 그의 어떤 선택이 내가 그에게 무례하게 대해도 된다는 것을 정당화하지 않는다. 그가 이렇게 누워 있는 것을 보니, 그는 그 자체로 내게 사랑받기 충분한 김윤상이었다.

'오빠, 어떤 모습이라도 상관없어. 그러니 있는 모습 그대로 편하게 와라. 나랑 같이 살자.'

긴 하루

어머니 아버지가 병원에 도착하셨다. 일요일 저녁 8시 30분 즈음이었다. 어머니 아버지를 마주하는 순간, 긴장 속에 얼어붙어 있던 마음이 녹아내렸다. 사고가 있은 지 22시간 만에 내가 마주한, 간절히 기다리던 얼굴이었다.

"민경아, 많이 놀랐지?"

나를 꼭 안아 주시는 어머니. 죄송했고 또 죄송했다. 놀란 마음으로 장거리 운전하는 것이 걱정되어 아버지와 함께 사역하시는 선교사님께서 이곳까지 운전을 해주셨다.

부모님이 남편 곁을 지키기로 하고 나는 센터로 돌아왔다. 센터를 떠난 지 만 하루 만이다. 내가 병원으로 출발했을 때와 마찬가지로 아이들은 자기 방에서 자고 있었다. 하나하나 얼굴을 보고, 이불을 챙겨 덮어 주고는 내 방으로 왔다.

'하-.'

긴 숨을 내뱉으며 의자에 걸터앉았다. 숨조차 제대로 쉬지 못했던 것 같다. 24시간을 먹지 않고 꼬박 깨어 있었는데, 배가 고프지도 졸립지도 않았다. 오히려 정신은 더 또렷했다. 이런저런 생각이 많이 지나가는 것 같긴 한데, 도통 무슨 생각을 하고 있는지 명확하지가 않았다. 그렇다고 머리가 맑지 않은 것도 아닌데.

방을 좀 정리하고 잠을 청해야지 했는데, 과테말라에 사는 그의 대학교 친구 부부와 배 목사님이 도착했다. 이 부부와는 남편과 교제 시절에 자주 어울렸거니와 어린 시절의 모습도 서로 잘 아는 사이다. 그들은 소식을 듣자마자 주일 예배를 마치고 달려왔다. 우선 남자들은 기숙사 숙소에서 쉬기로 하고, 아내는 내 방에서 머물기로 했다.

먼 길을 달려온 친구의 아내이자 나의 친구도, 24시간 꼬박 깨어 있던 나도 언제 쓰러졌는지 모르게 잠이 들었다. 우리는 서로에게 어떠한 말도 하지 않았다. 어떠한 말도 내게 위로가 되기 어렵다는 것을 잘 알기 때문일 것이다. 마지막일 수도 있다는 생각을 한 것일까, 소식을 듣자마자 그들은 일상을 멈추고 그 먼 길을 한달음에 와주었다. 백 마디 말이 필요 없었다. 그 마음으로 충분했다.

잠든 지 몇 시간이 지났을까, 갑자기 잠이 싹 달아나더니 정신이 번쩍 들었다. 침대 위에 바로 엎드려 무릎을 꿇고는 중얼중얼 기도를 드렸다. 내 속내를 일일이 뱉어 내지도 못했다. 간절하고 조급한 마음에 내뱉은 말들이, 혹시나 하나님의 일에 누가 될까 봐, 단지 '아버지'만 나직이 불렀다. 그 애달픈 목소리를 들었는지, 옆에서 자던 친구도 함께 무릎을 꿇고 기도했다.

다음 날을 위해서 자야 한다고 침대에 누웠지만, 잠이 쉽게 오지 않았다. 내일부터 새로운 상황 가운데서 맞이하는 한 주가 시작된다. 이전에 내가 가져 보지 못한 마음 상태로, 처음 겪어 보는 상황 가운데 시작하는 첫 월요일이었다. 이미 월요일은 시작되었지만, '하루를 시작하기까지 몇 시간이 더 있으니, 잠을 청해야 한다'며 애써 눈을 감았다.

이것이
나의 믿음이야

월요일 아침이 밝았다. 태양은 변함없이 떠올랐다.

나의 상황은 180도 바뀌었는데, 세상은 눈 하나 깜박이지 않고 다시 월요일의 시작을 알렸다. 아침 6시에 일어나 아이들의 도시락을 쌌다. 변함없이 5개의 도시락통을 펼치고, 큰아이 작은아이는 2개씩, 막내 것은 하나를 챙기고, 아이들의 아침을 준비했다. 평소보다 10분 정도 일찍 깨워 등교 준비를 서둘렀다.

아이들과 밥상머리에 둘러앉아 먼저 기도를 드린 후 식사를 했다. 그리고 입을 뗐다. 내 입으로는 아이들에게 처음 전하는 소식이었다. 사고 후 처음으로 아이들의 눈을 마주했다.

"예준아, 예성아, 예왕아, 엄마가 무슨 말을 하려고 해. 무슨 말을 하려고 하는지 아니?"

아는 눈치였다. 하지만 아이들은 나의 이야기를 기다렸다.

"아빠가 토요일 밤에 우리에게 오시다가 사고가 났어. 그런데 우리가 생각하는 것보다 많이 다치셨어."

아이들은 조용히 듣고 있었다. 동요하지도 울지도 너무 놀라는 모습도 보이지 않았다. 다만 눈동자가 흔들린다는 것만 알 수 있었다. 선뜻 물어보기도 두려운 모양이었다. 잠시 흐르던 침묵을 깨고 예준이가 입을 열었다.

"아빠 많이 다치셨어요?"

"응. 엄마가 생각했던 것보다 많이 다치셨어."

울컥해져서 잠시 숨을 골랐다.

"음, 그래서 엄마가 생각했어. 아빠가 아프신데 우리는 무엇을 도와 드릴 수 있을까? 엄마는 의사 선생님도 아니고, 우리는 힘이 없잖아. 그래도 사랑하는 아빠인데, 아빠를 위해 우리는 어떻게 도와 드릴 수 있을까, 생각했어. 아빠는 지금 건강한 모습으로 우리에게 오시기 위해서 열심히 치료받고 계셔. 다시 건강해지려고 열심히 노력하고 계시거든. 너무 아픈데도 힘을 내고 계셔. 그럼 우리는 무엇을 하며 아빠 곁을 지켜 드릴 수 있을까?"

잠시 뒤 예준이가 입을 열었다.

"엄마 말씀 잘 듣고, 학교 잘 다니고, 동생들이랑 사이좋게 지내면 돼요."

"아, 그래 정말 좋은 생각이다. 아빠가 돌아오셨을 때 정말 기뻐하시겠다. 엄마는 너희들도 돌봐야 하지만, 지금 엄마의 도움이 가장 필요한 사람은 아빠야. 아빠가 우리를 지금까지 지켜 주셨던 것처럼 지금은 우리가 아빠를 지켜 드려야 해."

잘 이해했는지 모르겠지만, 아이들은 고개를 끄덕였다.

"엄마, 우리 잘할 수 있어요."

예준이가 대답했고 예성이는 안 그래도 그윽하고 깊은 눈망울에 눈물이 그렁그렁해서 고개를 끄덕였다. 예왕이는 "아빠 많이 아파?" 묻기만 했다. 아직 막내는 아픔이 무엇인지 잘 모르는 것 같았다.

"귀한 너희들 때문에 엄마 아빠가 정말 힘이 난다. 예준이는 동생들 잘 돌봐 주고, 예성이는 형아 말 잘 듣고 예왕이 잘 돌봐 주고, 예왕이는 형아들 말씀 잘 들어야 해. 참, 그리고 기쁜 소식도 있어! 과테말라에서 할아버지 할머니가 오셨어! 너무 좋지? 우리 인사하고 나서 학교 갈까?"

아이들은 아이들인가 보다. 말이 끝나기가 무섭게 할머니 할아버지가 오셨다는 소식에 신이 나서 옆방으로 쪼르르 달려갔다.

나는 자녀들이 어리다는 이유로 우리 가정에 닥친 위기 상황을 전혀 모르고 지나가기를 원하지 않았다. 가족의 일원으로서 이 역경을 딛고 함께 걸어가기를 바랐다. 사랑하는 아빠가 지금 위중한데 어리다고 그 고통에서 예외가 되지 않기를 원했다. 우리는 가족이다.

하지만 아이들이 지나친 두려움과 공포에 휩싸이는 것은 원치 않았다. 그 부정적인 감정에서 아이들을 보호하고 싶었다. 아이들 각자 눈높이에 맞게 이 상황을 받아들이길 바랐다.

그러기 위해 오늘은 지난주 월요일과 동일한 월요일이어야 했다. 이것이 나의 믿음이다.

'지금도 살아서 이 상황을 똑똑히 지켜보고 계실 뿐만 아니라, 이 일에 주인 되신 여호와 하나님께서 직접 일하고 계신다.'

이 진리를 바탕으로 '그렇다면 나의 믿음은 무엇인가?' 질문을 던졌다.

'나의 믿음은 내게 맡기신 일을 변함없이 감당하는 것이다. 아직 울 때가 아니다. 아직 끝나지 않았다.'

이것이 나의 믿음이었고, 내가 나아가야 할 방향이었다. 내가 가져야 할 태도를 분명히 하니 복잡하던 머릿속이 정돈됐다.

폭풍우가 휘몰아치는 한복판으로 갑자기 밀려들어 왔지만, 내 삶의 주인은 예수 그리스도이시기에, 그분께 이 혼란스러운 상황을 맡기면 되었다. 어제와 동일한 삶을 살며 주께서 맡기신 역할을 잘 감당하면 되었다. 폭풍우가 즉시 걷히지 않더라도, 나의 믿음은 소리처럼 공중에 흩어져 사라지는 것이 아니기에, 담대히 나아가면 되었다. 그런 의미에서 나는 평소와 같이 일어났다. 여느 때와 같이 씻고, 아이들의 도시락과 간식, 아침 식사를 준비했다. 아이들과 함께 이야기를 나누며 아침 식사를 했고, 등교를 시킨 후, 청소기를 돌렸다.

그래, 이것이 나의 믿음이다.

이 일의 주인은 여호와 하나님

멕시코에서 생활한 지 1년 2개월이 흐른 그때, 매달 충전하는 방식으로 핸드폰을 사용했기에 내 핸드폰으로는 다른 나라로 전화를 걸 수 없었다. 그래서 그의 수술이 끝난 시간이 새벽이기도 했고, 급한 대로 과테말라에 계신 부모님께 메시지만 남겼다.

그리고 나는 생각했다.

'또 누구에게 알려야 하지? 기도를 부탁하고 싶은데….'

일일이 말씀을 드리자니 엄두가 나지 않았다. 어디서부터 설명해야 할지 도무지 생각나지 않았다.

'우선 나에게 관심을 갖는 사람들이 나의 SNS를 볼 테니,

거기에 기도 제목을 올려 김윤상의 상태를 나누자.'

♥ ◯ ▽

\-

기도 부탁드리고자 올립니다.

김윤상, 저의 남편이자 당신의 친구가 토요일 밤 11시 즈음 차 사고가 났습니다.

고속도로에서 정면 충돌하면서 심하게 장 파열이 되었고 여러 곳을 다쳤습니다.

지금 큰 문제는 파열된 장에서 출혈이 심해 산소가 장기에 전달되는 데 큰 어려움이 있습니다.

그냥 기도 부탁드립니다. 지금 기도해 주세요.

1. 장기 출혈 부위가 깨끗해지고, 피가 잘 생성되도록. 수혈도 많이 받고 있습니다. 건강한 피들이 오도록 기도해 주세요.
2. 출혈로 인해 장기에 산소가 못 미치니 치유의 하나님께서 출혈 부위를 깨끗게 하시어 산소 공급이 원활하게 되도록.
3. 폐의 기능이 잘 회복되도록.
4. 다리가 부러졌는데 다른 곳이 심해서 건드리지도 못하고 깁

스를 해서 걱정이 됩니다. 이 또한 기도해 주세요.

웃을 때도, 어려움 중에 있을 때도 김윤상은 멋진 남편이고, 믿음의 가장이며, 세 아들의 멋진 아버지입니다. 우리의 모든 일을 하나님께서 허락하셨기에 감사하며, 지금도 그가 주관하시기에 감사합니다.

2018년 10월 21일

#이남자는눈감고있어도예쁘네요. #사랑해최고야멋있어!

무슨 정신으로 이 기도 제목을 나누었는지 모르지만, 흔들리는 감정으로는 제대로 기도할 수 없다는 생각이 들었다. 해서 나를 아는, 김윤상을 아는 사람들이 우리를 불쌍히 여기는 마음으로 한 번씩만 기도 제목을 읽어 준다면, 나 혼자보다는 낫겠지 싶었다.

이미 난 하나님의 손을 잡았고 출발했다. 떠나고 싶지 않다고 해도 이제는 물릴 수도, 미룰 수도, 도망칠 수도 없다. 여행은 시작됐다.

한 번도 가보지 않은 이 낯선 여행지에서 내가 할 수 있는 것은 정신 바짝 차리고 하나님 뒤에 딱 붙어 하나님 아버지의 옷자락만 붙잡고 가는 것이었다.

기도로 연대하다

하루에도 몇 번씩이나 롤러코스터를 타는 그의 상태는 나를 매 순간 들었다 놨다 했다. 단 한 사람이라도 좋으니 이 시간을 같이 걸어 줄 기도의 동역자를 간절히 바랐다. 그래서 기도 제목을 지속적으로 올리기 시작했고, 나 또한 계속 들여다보며 흐트러질 수 있는 마음을 다잡고 기도에 집중했다.

의사들은 하루에도 몇 번씩이나 자신의 소견을 내놓았고, 그 내용들은 매번 엎치락뒤치락했다. 그때마다 당연히 마음이 요동을 쳤다. 그 순간 내게 필요한 건 이 상황 가운데 주인되신 여호와 하나님만을 신뢰하는 것이었다. 주인께서 지금 우리에게 말씀하시는 것이 무엇인지 분명히 듣는 것이었다.

나는 말씀하시고 당신의 말씀을 신실하게 지키시는 하나님을 믿고, 흔들림 없이 이 길을 걷는 것이었다. 보이는 대로, 들리는 대로 내 마음이 흘러가도록 놓아두어선 안 되었다.

이런 마음으로 올린 기도 제목에 세계 여러 곳에서 엄청난 관심을 가져 주었다. 나를 알지 못하는 사람들까지 이렇게 간절한 마음으로 기도해 주실 줄 정말 몰랐다.

이곳 병원에서는 하루 세 번 회진이 있다. 첫 번째는 오전 9시, 두 번째는 오후 1시, 세 번째는 오후 5시쯤. 별다른 말이 없을 때는 두 번째 회진 때 의사의 소견을 듣고 기도 제목을 올린다. 그 시간은 보통 한국 시간으로 오전 대여섯 시쯤 된다.

그런데 하루는 회진이 늦어져 기도 제목을 올리지 못하고 있었다. 한국 시간으로 오전 6시쯤 되자 이곳저곳에서 김윤상의 소식을 묻는 메시지가 빗발쳤다. 내가 올린 기도 제목을 부모님과 시동생은 각자 자신이 속한 기도팀에 전달했고, 나의 친구와 가족, 지인들도 SNS를 통해 나의 기도 제목을 자신이 속한 기도팀에 전달했다. 그렇게 우리는 기도로 깊은 연대를 하고 있었다.

'내가 뭐라고. 우리가 뭐라고.'

멕시코의 이름 모를 시골구석에서 전해 드리는 기도 제목에 많은 사람들이 깊은 관심을 가지고 기도해 주고 있었다. 하나님은 우리를 향한 한 사람 한 사람의 관심과 간절함을 귀한 기도의 향기로 여기시고 흠향하셨다.

주님은 애가 타는 나의 심정을 잔잔히
살피시며 함께 걸어가 주신다.
내가 이 길을 피하지 않고
잘 걸어가기를 바라시면서.

#그럼에도 감사합니다

아빠,
우리 삼형제와 함께 걸어요

아빠가 생사를 오가는 시간 중에도 예준이, 예성이, 예왕이는 무럭무럭 자라고 있었다. 아이들은 아빠의 아픔을 모두 이해할 수는 없지만, 아빠에게 힘을 드리고 싶어했다. 형제들의 마음을 담아 예준이가 아빠에게 편지를 썼고 예성이는 내게 가족사진을 달라고 해서 가족사진을 붙이고 편지를 장식했다. 물론 막내 예왕이는 형들이 준비하는 데 필요한 가위, 풀을 가져다주며 편지에 마음을 담았다.

아이들의 편지는 이렇게 시작했다.

"That's good. We won."(괜찮아, 우리가 이겼다!)

"가족이 아빠 사랑해요. 아빠 힘내세요."

내용을 쓰고, 하트를 그리고 간절한 마음을 담았다. 그 밑에는 우리 가족의 사진이 붙여져 있었다. 사진에서 우리는 모두 환하게 웃고 있다. 이 편지를 남편의 침대에서 아직 사용되지 않고 있는 간이식탁 모서리에 붙여 놓았다. 남편이 눈만 뜨면 바로 볼 수 있는 위치였다.

예준이의 고백처럼, 아이들은 가족의 구성원으로서 마음을 모으고 있었다. 우리 곁에서 힘을 주는 아이들을 보면서 어떻게 이 길을 걸어야 하는지 더욱 알게 되었고, 이 일의 주인이 우리 하나님이심을 상기할 수 있었다. 그분은 김윤상을 위해 독생자 예수 그리스도까지 허락하신 분이다. 하나님은 아낌없이 당신의 전부를 우리에게 쏟아 부으신 분이다.

남편이 누워 있던 5일 동안, 아이들은 5년이 지난 듯 마음이 자라 있었다. 5일 내내 아이들에게 신경 써 주지 못했는데, 오히려 아이들이 엄마 아빠에게 마음을 써 주고 있었다.

병원의 시간은 참 더디게 흘렀다. 그에게 닥친 위기와 그 현실 가운데 놓인 나의 감정 그리고 어떤 상황에서도 하나님을 인정하는 믿음이 매 순간 맞물려 돌아갔다. 무심코 떠오르는 부정적인 감정에 나를 맡길 수 없었다. 의사들이 하는 말과 실제로 체감되는 현실에 나의 믿음을 맡길 수는 없었다.

이렇게 누워 있기 전, 그는 내게 물었다.

"넌 나무가 자라는 게 보여?"

"아니!"

"그래. 우리의 눈은 그것을 볼 수 없지만, 하나님은 이 나무를 매일매일 자라게 하시지."

지금은 눈을 감고 있지만, 기계가 표시하는 숫자들에 순간순간 롤러코스터를 타게 되지만, 지금까지 내가 알고 경험한 신실하고 성실하신 하나님은 이 순간 일하고 계신다. 매일매일, 매 순간 그의 생명을 새롭게 하고 계신다.

♥ ○ ▽ ⎕

-

일일이 답변 못 드리지만, 전 세계에서 보내는 김윤상을 위한 기도의 동역이 얼마나 강력히 하나님의 보좌를 흔들고 있는지 눈으로 보고 있습니다.

고맙습니다.

그가 건강을 온전히 회복할 때 우리 모두가 이 일의 증인이요 간증의 주인공이 될 것을 고백합니다.

정말정말 감사합니다.

아직 여전히 위험하다고 하니

(앞으로 48시간, 남편 스스로 잘 견뎌야 합니다. 이 말이 저는 의사를 넘어선 영역에서 하나님만 일하신다고 들렸습니다.)

강력한 중보 부탁드립니다.

제가 기댈 수 있는 것은

오직 전능하신 하나님이시고,

오직 우리에게 나음을 주시기 위해 채찍을 이미 맞으신 예수 그리스도이시며,

지금도 우리를 위해 눈물로 중보하실 성령 하나님이십니다.

그리고 여러분 한 분 한 분의 강력한 기도입니다.

감사합니다.

고맙습니다.

2018년 10월 24일

#오빠다나으면너정말멋졌어라고말해줄거래지현언니가 #내눈엔여전히지금도멋져오빠

감사해요 주님

그의 사고가 있기 전까지는 체내에 피가 얼마나 있는지 관심조차 없었다. 며칠이 지나서야 사고 당일 그가 쏟은 혈액의 양이 4리터라고 들었다.

'4리터라면 도대체 피를 얼마나 흘린 거지?'

급하게 찾아보니 몸무게를 기준으로 그는 6.2리터 정도의 피를 가지고 있었다. 거기에서 4리터의 피를 흘렸으니, 몸의 피 중 2/3를 쏟은 것이다. 보통 혈액량의 10%가 빠져나가면 쇼크가 오고, 30% 전후로는 사망에 이를 수 있단다. 그러니까 지금 그가 살아 있는 게 기적이었다.

병원에 도착해 응급 수술을 하는 그 자리에서 피를 9팩 정도 수혈했다. 하지만 여전히 헤모글로빈 수치가 너무 떨어져서 수혈이 계속 필요했다. 혈액을 통해 산소가 장기까지 운반되어야 수술한 장기도 회복될 수 있었다.

아빠의 피가 많이 모자란다는 말에, 예준이가 물었다.

"엄마, 아빠와 제 피가 같잖아요. 아빠에게 제 피를 주고 싶어요."

울컥했다. 평소 주사를 무서워해 예방 접종도 맞기 싫다던 예준이가 아빠 때문에 피를 뽑겠다고 한 것이다. 만 열일곱 살이 되어야 피를 뽑을 수 있다고 설명하니 본인은 건강한데 왜 피를 나누어 줄 수 없느냐며 속상해했다. 아빠를 위해서 뭐라도 하고 싶어 하는 예준이가 대견하면서도 안쓰러웠다.

그날 밤, 하나님 그의 아버지는 목소리도 나오지 않은 채 사력을 다해 도움을 구하고 있었을 그의 간절한 신음소리를 들으셨으리라. 아내인 나는 평소보다 너무 늦는다고 걱정이 되긴 했지만 이런 일을 상상조차 할 수 없었다. 하지만 하나님 그의 아버지는 그 순간에 그의 곁을 지키셨다. 그리고 다급한 그의 필요를 채우고 계셨다.

이 생각은 일렁이는 나의 마음을 잠잠케 해주었다.

사탄은 그날 밤 '당신의 아들 김윤상은 끝'이라며 좋아했을 것이다. 마치 십자가에 달리신 예수 그리스도가 죽어 가는 모습을 보며, '이제 조금만 있으면 끝'이라고 생각했던 것처럼. 하지만 하나님의 계획은 사탄과 달랐다. 사탄이 '이제 다 됐다' 하는 그 순간 하나님은 '이제부터 시작이다' 하신다.

예수 그리스도는 사망의 음침한 골짜기까지 내려가셔서 사망 권세를 모두 깨고 우리를 품에 꼭 끌어안고 당당히 부활하셨다. 이로써 하나님의 역사는 시작되었고 완성되었으며 아직도 멈추지 않고 나와 우리 가운데 살아서 역사하고 계신다.

'그래, 지금 그 하나님이 일하고 계신다.'

하나님께서는 그를 생명처럼 아끼신다. 하나님은 당신의 가장 귀한 예수 그리스도에게 말씀하시어 우리의 생명을 사망에서 건져 내라고 하셨다. 그뿐만이 아니다. 직접 품에 안고 당신에게 오라 하셨다. 그런 여호와 아버지께서 지금 김윤상에게 일하고 계시는데, 내 어떠한 요청이, 내 어떠한 아이디어가, 내 어떠한 사랑이 하나님 아버지를 뛰어넘을 수 있겠는가.

단지 이 모든 상황과 하나님의 간섭하심에 나는 감사할 수밖에 없었다. 멈추지 말고 계속해서 일해 달라고 간절히 기도드리는 것밖에는 내가 할 일이 없었다.

이 일을 허락하신 분도 아버지요, 이 일의 시작도 아버지요, 이 일을 해 나가시는 분도 여호와 하나님 나의 아버지시다. 그 아버지께 내가 드릴 말씀은 단 한 가지였다.

"감사합니다. 주님."

"마음껏 일해 주세요. 주님."

♥ ○ ▽

-

사랑하는 김윤상의 상태를 나눕니다.

조금 호전된 상태라고 이야기해 주었습니다.

호전이라는 말에 제 표정이 너무 환해졌나 봅니다.

의사는 "허나, 아직도 굉장히 위중한 상태입니다"라고 다시금 일러줍니다.

기도해 주세요.

1. 폐가 회복되어서 자가호흡만으로 온몸 구석구석 산소가 전달될 수 있도록.
2. 심장이 약물 없이도 건강히 뛸 수 있도록.
3. 몸 안의 불필요한 물과 노폐물이 잘 빠져나가도록.
4. 균들이 박멸되고 깨끗하고 건강한 피가 온몸에 돌도록.

5. 장이 건강하게 운동하고, 음식물을 잘 받아들이도록.

6. 다친 다리가 다른 오장육부가 건강해질 때까지 잘 버티도록.

7. 멕시코시티로 이송하는 부분에 있어 사랑하는 김윤상의 건강 상태가 최적일 때 이동할 수 있도록. 이 일을 결정하는 모든 사람들에게 하나님의 타이밍을 동시에 알려 주세요.

8. 김윤상을 알면서, 혹은 모르면서도 사랑의 마음으로, 간절한 마음으로 기도하시는 여러분 한 분 한 분에게 하나님의 마음을 깨닫는 축복과 은혜가 있기를, 복의 복을 더하시길 기도해 주세요.

정말 감사합니다.

이 글을 읽고 열방에서 기도해 주시는 한 분 한 분이 계시지 않았다면 이 싸움은 생각하기도 싫습니다.

함께 서 주셔서 정말 감사합니다.

여러분 자신과 같이 저희를 사랑해 주셔서 감사합니다.

여러분의 간절한 기도가 그 증거입니다.

사탄은 이 사고로 '끝났다' 했지만 바로 그때 기도의 불씨는 당겨졌습니다.

마치 사탄이 십자가에 달리신 예수님을 보고 '다 끝났다' 했지만 그것이 구원의 시작이었던 것처럼.

부끄럽지만 고백합니다.

정말 감사하고, 사랑합니다.

2018년 10월 31일

#이일을허락하신분도아버지 #해나가시는분도아버지 #내드릴말씀은오직감사

이제야 알게 된 '우리'

멕시코 치아파스 코미탄의 국립병원은 한국의 달동네 같은 곳에 위치해 있다. 앰뷸런스가 다니기도 힘든 좁고 가파른 언덕 위에 있다. 처음 여기에 오면서 어떻게 이렇게 구석지고 높은 곳에 국립종합병원이 있지 싶었다. 하지만 하루에도 몇 번씩 다니다 보니 곧 익숙해졌다.

처음에는 출입증이 있는 보호자에 한해서 병원에 들어갈 수 있는 것도 신기했다. 출입증을 받지 못한 보호자들은 진료를 위해 환자의 약을 사다 주어야 했기 때문에 병원 출입구를 중심으로 담벼락에 상자를 깔든가, 텐트를 치고 노숙하며 대기했다. 출입구에서 환자의 이름을 부르면 해당 보호자가 문 앞에서 처방전을 받는다. 그러고는 병원 앞에 있는 약국에서 먼저 약을 구해 보고, 없으면 시내에 나가 약을 찾으러 다녔다. 밤이면 밤샘하는 보호자들을 위해 포장마차도 섰다. 한국의 병원에서는 상상하기 어려운 광경이었다.

내가 1년 2개월 동안 살던 동네가 맞나 싶었다. 이렇게 한 켠에서는 아픈 가족을 위해 병원 앞에다 텐트를 마련하고 노숙하는 이웃들이 있었다고 생각하니, 침대 위에서 편하게 누워 있던 내가 참 미안하게 느껴졌다.

병원을 하루에도 두세 차례 다니다 보니 계속해서 보게 되지만 아직도 적응이 안 되는 풍경이 있다. 바로 공동묘지다. 병원을 가기 위해 메인도로에서 우회전을 하면 달동네로 들어가기 전까지 커다란 공동묘지가 있었다.

'병원 근처에 공동묘지라니.'

아픈 환자와 그들의 가족을 전혀 배려하지 않은 모습이 아닐 수 없다. 뿐만 아니라 병원으로 들어가는 골목골목에는 관을 파는 가게가 줄지어 있었다. 병원 정문 앞에도 있었다. 환자를 살리고자 하는 보호자들의 간절한 마음과 너무나 대비되는 모습이었다.

"병원 앞에 관 가게가 너무 많으니, 좀 그래요."

나는 이렇게 툴툴대면서 내가 병원 생활에 적응했다는 생각이 들었다. 차차 주변이 눈에 들어오기 시작했으니 말이다.

매번 필요할 때마다 약을 사 와야 했기 때문에 하루에도 몇 번씩 중환자실 문이 열리고 간호사가 빼꼼히 얼굴을 내밀면서 "까마씬꼬"(cama cinco, 침대 5번)를 불렀다. 처음엔 이런 방식이 불안하기도 하고, 약도, 의료 기계(엑스레이나 내시경 등)도 없는 상황이 참담하게 다가왔다. 심지어 남편이 의식조차 없는 중환자로 이런 병원에 누워 있다는 사실이 정말이지 믿기지 않았다.

하지만 김윤상이 아니었다면, 이 땅에서 한때를 함께 살아가는 '우리'면서도 '우리'가 아니었던 이들의 아픔과 어려움을 알 수 있었을까.

이렇게 그들을 만났고, 보았다. 그리고 나도 그들 중 하나였다.

넌 나만 바라보라

정말 아무것도 없는 외국의 시골 병원. 국립병원이라면 당연히 있을 법한 엑스레이도, 그 흔한 내시경도, 진료에 필요한 약조차 전혀 없다. 아무것도 없는 낯선 곳에서 중환자로, 병원에 있는 환자 중에 가장 위중한 환자로 누워 있는 그의 모습에 마음이 서늘해졌다.

그런 내 마음과 상관없이 그의 옆구리에 달아 놓은 봉투에선 변과 고름이 나왔다. 배에 고름이 가득 차 있는데 장의 어딘가에서 누수가 일어나기 때문이다. 그래서 의식도 없는 그를 장의 어딘가에 생겼을 천공을 찾기 위해 다시 수술실로 보내야 했다.

면회 시간이 되어서야 중환자실에 누워 있는 남편을 보러 갔다. 표정을 봐서는 그가 어떤 사투를 벌이고 있는지 가늠할 수 없지만, 잠든 그의 모습은 평안해 보였다. 이곳에서 벌어지는 숨 막히는 현실을 알고는 있는지. 들끓던 마음이 나도 모르게 스르르 풀어졌다. 그는 잘하고 있는데, 내가 왜 이렇게 소란이지 싶었다.

이 일이 있은 후 나는 줄곧 '코 빠뜨리지 말자' 다짐했다. 나의 경거망동으로 하나님이 하시는 일을 그르치고 싶지 않았다.

다시 수술실로 들어가는 그를 뒤로하고 약국으로 향했다. 장세척을 위한 식염수가 열 통 필요하다고 해서였다. 식염수 열 통을 한 아름 안고 수술실로 향하다가 수술실 간이의자에 기대 앉은 아버지의 뒷모습을 보았다. 내게는 늘 크신 아버지였는데, 아버지의 어깨는 하늘에서 갑자기 퍼붓는 소낙비를 만나 속수무책으로 폭 젖어 버린 듯 축 늘어져 있었다. 무너질 것 같은 어깨는 작다 못해 안쓰러웠다. 아브라함이 이삭을 번제단에 올려놓을 때, 저런 모습이었을까.

아버지는 "하나님 감사합니다"를 계속해서 읊조리며 하염없이 눈물을 흘리고 있었다.

자식이 뭐라고, 가슴이 아렸다.

"아버지, 식염수 사왔어요."

"어, 그래그래."

수술실로 식염수 통을 전달하고 아버지 옆에 섰다. 부서진 그를, 의식도 없는 그를 다시 수술실로 보내면서 마음이 무너져 내렸다. 아무것도 없는 이 시골 병원이 하나님께서 고르고 고르신 병원이다. 세척해야 하는 식염수조차 수술실로 사다 넣어 줘야 하는 이 병원에서 하나님은 당신의 일을 하시겠단다. 과테말라시티에 있는 것도 아니고, 가까이에 가족이나 지인이 있는 것도 아니고, 말이 통하는 것도 아닌 이곳이 하나님이 홀로 일하시기 가장 좋은 곳이라 하셨다. 그분은 말씀하셨다.

"넌 나만 바라보라."

기적이다

뚫린 장의 구멍을 찾아 막고, 심각하게 해진 곳은 자르고, 장루(창자를 외부와 연결하기 위해 인공적으로 만든 샛길)를 설치했다. 의사는 출혈이 심한 탓에 헤모글로빈 수치가 여전히 심각해서 수술 부위를 닫지 않겠다 했다. 배를 닫고 여는 것 자체가 출혈이 심한 활동이기 때문이다. 천공이 있는지 다시 한 번 확인해야 하기 때문에 3일 동안 수술 부위를 열어 둔다 했다. 천공이 없으면 수술 부위를 닫는다면서 복막염이 심각해 가장 강한 항생제를 쓴 까닭에 당분간 면회는 금지한다고 했다. 당분간 그의 얼굴을 볼 수 없다는 의사의 말은 '이제 김윤상이 하나님과 독대하는 시간입니다'라는 뜻 같았다.

어려운 의학 용어를 스페인어로 전달하다 보니, 더구나 얼마나 심각한지 그들의 뉘앙스를 잘 모르다 보니, 이 상황을 이해하는 것도 내겐 너무 어려웠다. 그런 나를 위해 하나님은 과테말라에서 그와 가까이 지내던, 스페인어가 유창한 형을 보내 주셨다. 형은 한동안 멕시코에 머물면서 병원에서 돌아가는 행정적인 부분을 도와줬다. 상황이 되면 바로 멕시코시티나 한국으로 옮기는 방법도 염두하며 일을 처리해 주었다.

한편, 우리가 멕시코로 오기 전에 출석하던 교회에서 김윤상을 위한 전교인 특별 새벽기도회를 열었다는 소식을 전해왔다. 그리고 과테말라에서 의대를 나와 병원을 운영하던 한국인 서 닥터가 소식을 듣자마자 멕시코로 오겠다고 했다. 3일 뒤에 있을 수술에 함께 들어가 참관한 뒤, 환자의 상태와 상황을 정확하게 설명해 주기 위해서였다. 병원 측이 흔쾌히 허락해 준 덕분에 서 닥터는 과테말라에서 진료를 마친 뒤 새벽을 달려 멕시코로 넘어오겠다 했다. 더구나 담임 목사님도 동행하시겠다고 했다.

현실은 숨이 막히지만 그 가운데서도 돕는 손길들이 이어졌다.

'아버지, 저를 불쌍히 여기시고, 저희 아이들을 불쌍히 여기시고, 양가 부모님을 불쌍히 여기셔서 김윤상을 사랑하는 사람들의 기도를 기쁘게 흠향하시고, 그에게 성실히 일하여 주셔서 감사합니다. 이 벌레같이 작디작은 자의 기도에 귀 기울여 주시는 주님 진심으로 감사합니다. 당신은 항상 옳으시고, 선하시고, 친절하십니다. 이 일을 계속해 나가 주옵소서.'

밤새 달려 수술 시간에 맞춰 도착한 서 닥터는 바로 수술실로 향했다. 엉덩이 붙일 새도 없이 수술복으로 갈아입고 수술실로 들어가면서도 서 닥터는 수술실 바깥에서 마음 졸일 나를 다독이는 것을 잊지 않았다. 그녀가 선사한 뭉근한 감동으로 마음이 따뜻해졌다.

몇 시간 뒤, 우리 앞에 선 그녀에게서 처음으로 우리가 맞은 상황을 정확하게 들을 수 있었다.

"장은 조금 부어 있지만 색도 좋고 장의 천공도 다 찾은 상태예요. 마지막에 장이 조금씩 운동하는 것도 볼 수 있었고요."

안도의 숨을 내쉬는 나의 팔을 붙잡으며 서 닥터는 말을 이어 갔다.

"언니, 수술실에서 가장 많이 나온 말이 뭔지 아세요?"

의아한 내게 그녀가 말했다.

"'밀라그로'(milagro, 기적이다)와 '헤수스 로 이소'(Jesús lo hizo, 예수님이 하셨다)였어요."

수술실에 들어간 의사와 간호사들이 '기적'이라고 '예수님이 하셨다'고 입을 모았다는 얘기다.

"여기가 수술실인지, 간증 집회인지 구분할 수가 없었다니까요."

그들은 2리터가 넘는 고름에 뒤엉켜 있던 장을 보았기에 굉장히 힘들 거라고 생각했단다. 그 상황에서 의사가 할 수 있는 일이란 장을 정성껏 세척하고 천공을 찾아서 막는 것뿐이었다. 어떤 기대도 감히 할 수 없는 상황이었기에 수술에 참여한 모든 스태프들이 하나님께 감사를 올려 드렸다.

그 순간 나는 죄와 뒤엉켜 살아가는 나를 보았다. 그런 나를 포기하지 않고, 당신 손에 내 더러운 오물을 직접 묻혀 가며 깨끗이 닦아 주시는 예수님, 예수님은 나를 품에 안으시고 하나님 아버지 품으로 옮겨 주셨다.

나는 수술실로 향하는 그를 보며 하나님께 '너무나 아픈 그를 더 이상 건들지 않았으면 좋겠다'고 투정을 했다. 수술실에 들어가는 순간 영영 그의 얼굴을 보지 못할까 봐 두려웠기 때문이다. 그가 죽으면 어떡하냐고, 그러면 정말 무너져 버릴 것 같다고 하소연했다. 그런 내게 하나님은 '네가 아무리 아파해도 이 일은 해야 한다. 그것이 윤상이가 사는 길이다'라고 하셨다.

한 치 앞도 분간하지 못하는 나는 그를 더 아프게 하는 것이 싫다며 수술실로 가는 것을 막고 싶어 했지만, 하나님은 그를 살리는 길로 나를 이끄셨다. 하나님의 포기하지 않는 사랑이 내게 이루 말할 수 없는 은혜임을, 기적임을 고백하지 않을 수 없었다.

♥ ○ ▽

\-

9일째입니다. 기도로 간절함으로 함께 서 주셔서 감사합니다.

앞으로 가야 할 길이 더 남았지만 사망의 음침한 골짜기를 지날 때 하나님의 지팡이와 막대기가 우리를 위해 힘껏 싸워 주심을 믿습니다.

사랑하는 김윤상을 위해 기도해 주시는 한 분 한 분께 감사를 드립니다.

수술 후 경과를 나누겠습니다.

1. 장은 약간 부어 있는 상태였으나 장의 색깔도 좋고 장 운동을 하고 있었다고 합니다.
2. 어제 오전까지 심장이 정상적으로 뛰라고 3가지 약을 쓰다가

하나로 줄인 상태였습니다. 하지만 수술을 위해선 그 하나마 저도 쓰면 안 되어서 멈췄는데 심장이 잘 뛰었다고 합니다. 현재는 하나의 약을 쓰고 있으며 그 양도 많이 줄였다고 합니다.

3. 간 수치가 많이 내려간 상태입니다.
4. 피검사에서는 염증 수치가 나오지 않았지만 패혈증이 아닌 것은 아닙니다.

이 일의 증인은 기도해 주신 분들이시며

한 분 한 분의 기도의 향기를 흠향하신 하나님이 주인이십니다.

사랑하는 김윤상이 그의 입술로 승전가를 부를 때까지 함께 싸워 주실 것이므로 진심으로 감사를 드립니다.

2018년 10월 30일

#우리오빠최고!! #우리하나님은더최고!!

3일간 지켜봅시다

"병원에서 할 것은 다했습니다. 앞으로 3일간 지켜봅시다."

3일간 지켜보자는 말은 고비가 있을 때마다 계속됐다. 첫 수술 후, 장의 천공이 있어 감염된 뱃속을 세척하고 다시 장의 천공이 있는지 확인하는 수술을 하면서, 그는 3일간 배를 연 채로 있었다. 출혈을 최소화하기 위해 3일간 수술 부위를 열어 두기로 한 것이다. 3일 후 감염이 있는지 확인한 뒤 봉합 수술을 하기로 했다.

또 현저히 떨어진 맥박이 정상으로 뛰게 하기 위해 세 가지 약을 쓴다고 했다. 그런데 문제는 그 약물들로 인하여 심장박동 수가 몹시 올라간 상태였다. 가만히 누워 있는 사람의 심박수가 189까지 올라갔다. 이는 축구 선수들이 전후반전을 뛰었을 때 나오는 심박수라고 했다. 그렇다고 해서 약을 줄이면 맥박이 떨어지기 때문에 이도 어렵다고 했다. 이때도 의사들은 할 수 있는 것을 다했으므로 3일간 지켜보자고 했다.

3일간 열어 둔 장을 봉합한 지 며칠 안 돼 패혈증 진단을 받았다. 패혈증은 스페인어로 '쎕시스'(sepsis)다. 스페인어권에서 10년을 살았지만 처음 들어 보는 단어였다. 패혈증이라는 말에 마음이 쿵 하고 땅바닥으로 꺼져 내렸다. 패혈증은 한국의 쟁쟁한 병원들에서도 치사율이 40%나 되었다. 그런데 무균실도 없는 병원에서, 중환자실을 청소하면서 일반 사무실에서 하듯 문을 활짝 열어 놓는 병원에서 패혈증을 고쳐야 했다.

의사는 패혈증 진단을 내리면서 내가 사 와야 할 약을 알려 주었다. 병원 안에 랩시설이 당연히 없기에 패혈균의 원인을 밝혀 정확한 치료를 할 수 있는 상황이 아니었다. 더구나 그로선 지체할 시간이 없었다. 그런데 동네 약국에서 이 약을 구할 수 없어 왕복 6시간 거리에 있는 큰 도시로 나가 구입했다. 의사는 내가 사 온 약을 사용하면서 또 3일간 지켜보자고 했다.

기다리는 3일 동안, 의사들은 복도를 지나가면서 나와 눈이 마주칠 때마다 말했다.

"엘 에스 무이 후에르떼!"(Él es muy fuerte, 그는 강하다)

지금 그에게 쓰고 있는 약이 워낙 독해서 보통의 멕시칸 환자들은 약을 견디지 못한다면서, 그가 이 시간을 견디는 것이 놀랍다고 했다. 의사들의 이야기를 전해 듣고 나서 어머니한테 말했다.

"어머니, 준성왕 아빠를 건강히 잘 길러 주셔서 감사해요."

나는 남편을 세 아이의 이름 끝 글자들을 모아 이렇게 부른다. 우리는 의사들도 살아 있는 것이 기적이라고 입을 모으는 상황을 통과하고 있었다. 그는 온몸으로, 나와 가족은 타들어 가는 심정으로 이 고난을 지나고 있었다. 열악한 병원의 환경, 누가 실력자인지 분간할 수 없는 외국인 의사들, 어떤 것에도 기댈 곳 없는 이곳에서 하나님은 기적을 만드시고 있었다.

오빠, 참 잘 살아왔어

그가 대학교 2학년 때, 그의 부모님은 과테말라로 이민을 와서 섬유사업을 시작했다. 김윤상도 대학 졸업 후 2004년 여름부터 과테말라에서 첫 직장 생활을 했다. 그렇게 십여 년 일하는 동안 친분을 맺은 김윤상의 친구들과 선후배들이 그의 소식을 듣고 과테말라에서 멕시코 국경을 넘어 속속 도착했다. 그가 처음 직장생활을 한 회사의 사장님과 상무님도 왔다. AB형 피를 구하기 어렵다는 말에 그들은 기꺼이 국경을 넘었다. 수혈된 피는 국경을 넘는 것이 불법인지라 사람들이 직접 넘어온 것이다.

사장님과 상무님은 시골 병원의 안타까운 환경에 개탄하

면서 헬기라도 띄워서 멕시코시티든 한국이든 가야 하는 것 아니냐고 했다. 하지만 수술실로 이동하는 것조차 생명을 건 모험이었다. 아무리 열악해도 이 병원이 최선인 것이다.

또 교회의 권사님과 집사님들도 오셨다. 1년 반 전, 멕시코로 가는 길을 기도로 함께해 주신 분들이 9시간을 달려오셨다. 권사님들은 음식을 준비해 와 여러모로 애쓰는 센터 식구들을 챙겼고, 믿음 안에서 그와 모임을 가졌던 동역자들은 우리 아이들은 물론 센터 선교사 자녀들의 간식거리를 챙겨 주었다. 그들 모두 남편의 빈자리를 조금이라도 채워 주고 싶어 했다.

과테말라에서 친하게 지내던 분들도 소식을 듣고 찾아오셨다. 또 나와 교제를 나누던 언니들도 전화로 위로를 전했다. 자녀들 때문에 직접 멕시코로 올 수는 없지만 김윤상 특별 기도회를 통해 매일 기도하고 있다고 했다.

이곳에 온 지 1년 2개월 만에 낯선 곳에서 벌어진 일이기도 했고, 내 인생에서 겪어 본 일 중에 무엇과도 비교할 수 없는 가장 큰일이었기에 찾아 주고 연락을 주는 지인들이 있다는 사실 자체만으로도 든든했고, 고마웠고, 따뜻했다.

중환자실 면회는 하루에 세 번밖에 안 되기 때문에 그분들 모두 그의 얼굴을 볼 수는 없었지만, 여건이 되는 대로 목소리를 들려주었다.

그들 중에는 그냥 교회만 나오는 분들이 있는가 하면 믿음 생활을 하지 않는 분들도 있었다. 하지만 하나님을 믿건 믿지 않건 그들 모두 의지할 곳은 하나님밖에 없음을 알았기에 병원 앞에서 손을 잡고 눈물로 기도했다. "하나님, 우리 윤상이 살려 주세요" 하며 뜨거운 눈물을 흘리는가 하면, "윤상이 살려 주시면, 당신이 계신 것을 인정하겠습니다"라고 간절하게 기도했다.

한두 사람이라도 힘이 되고 감사할 텐데, 수십 명이 먼 길을 달려와 며칠씩 함께 시간을 보내고 위로를 했다. 우리가 뭐라고 이러한 관심을 받게 하시고, 기도를 받게 하시는지, 이러한 은혜를 누리게 하시는지 가슴이 벅찼다.

"오빠, 참 잘 살아왔다."

그와 친분이 있던 사람들도 이렇게 달려와 우리의 어려움을 함께해 주기를 자처하는데, 하물며 우리 여호와 하나님께서는 어떠하시겠는가. 이 생각은 다시금 나를 평안으로 인도해 주었다.

열방이 함께 기도하다

새벽에 예왕이가 우리 방으로 왔다. 아직 만 네 살밖에 안 된 예왕이는 새벽에 잠을 깨면 복도를 지나 우리 방으로 온다. 침대에 누운 내 옆에 눕더니 뜬금없이 노래를 하겠단다.

"엄마가 사진 찍어도 돼" 했더니, "응 찍어!" 했다.

'김윤상에게 이 목소리를 들려주자.'

오늘은 내가 찬양을 불러 주는 대신 예왕이의 목소리를 들려줘야지 싶었다.

면회 시간에 들어가 막내의 목소리를 들려주는데, 갑자기 그가 복받쳤는지 흐느껴 울기 시작했다. 심박수가 89에서 117까지 올라갔다.

'다 듣고 있구나.'

여러 번 들려주고 싶었지만, 너무 힘들어하는 것 같아 한 번만 들려주었다.

며칠 뒤 의사들은 지금 약을 서서히 줄이고 있다며 그의 감각들이 반응하기 시작할 것이라고 했다. 아버지는 면회 시간 동안 지압을 하고 마사지를 했다. 꼼짝없이 누워 있으니 혈액순환이 잘 안 돼 그의 손과 발이 늘 얼음장처럼 차가운 탓이었다. 아버지는 침술로 선교하시는 분답게 혈자리를 지압하면서 그의 혈액순환을 도왔다.

어머니는 기도문과 함께 찬양을 핸드폰에 녹음해 와 그의 옆에 틀어 놓았다. 우리가 면회할 수 없는 밤 동안에도 찬양 가운데, 기도 가운데 거하길 바라며 그리하셨다.

'네 이웃을 네 몸과 같이 사랑하라'고 명령하신 하나님은 생명(시간)을 쪼개어 하나님의 아들인 김윤상을 위해 기도하는 열방의 기도를 흠향하시며, 졸지도 않고 일하셨다.

주를 믿는 열방의 성도들이 기도의 불씨를 당겼다. 쉬지 않고 이어지는 열방의 기도는 일하시는 하나님의 성실하심이 꺼지지 않도록 계속해서 지지하고 응원하고 있었다.

덕분에 김윤상의 바이탈 수치가 차츰 정상으로 돌아오고 있었다.

‘감사하다. 감사하다. 감사하다.’

죽음을 향하던 그의 수치들이 처음으로 호전을 보이던 날, 나는 모든 오감을 이용해 주님을 찬양했다.

하나님,
우리에게는 아빠가 필요해요

조금 호전되었다는 말에 내가 너무 들떴던 것일까?

어제의 분위기와 달리, 그의 폐 상태가 심각하다고 했다. 산소 투입량을 늘렸는데 대퇴부 골절 때문인지, 패혈증 때문인지 알 수 없지만 폐가 심각한 상태가 되었다고 했다. CT촬영을 통해 정확한 원인을 찾는 게 급선무였다. 하지만 촬영하려면 병원 밖을 나서야 했는데 그러기엔 그의 상태가 너무 위중했다. 그렇게 몇 날 며칠이 흘렀다. 계속되는 고비 속에서도 나는, 우리 가족은 버티고 또 견뎠다.

'견디고 있다는 말이 맞을까?'

솔직히 표현하자면, 피할 수 없어 걷는 길이었다. 내가 할 수 있는 것은 이 시간 동안 흔들림 없이 걷는 일뿐이었다. 아니 마음이 요동치더라도, 담담히 흔들리지 않는 것처럼 걸어야 했다.

그래도 나의 주님은 인자하신 분이다. 휘몰아치는 폭풍 가운데 놓인 나를 헤아리고 계신다. 놀란 나의 마음을, 애가 타는 나의 심정을 잔잔히 살피신다. 이 과정이 내게 꼭 필요한 것을 아시는 하나님은 이 길에서 나를 옮길 수는 없으니, 가여운 나를 업고 이 길을 함께 걷기로 결정하신 모양이다.

"민디(이곳에서 사용하는 나의 이름이다)야, 놀라지 마라. 나다. 두려워하지 마라. 내가 너와 함께 걷고 있단다."

이렇게 다독이며 함께 걸어가 주신다. 내가 이 길을 피하지 않고 잘 걸어가기를 바라시면서.

예수 그리스도, 그분의 길은 늘 그랬다. 굳이 함께 가지 않아도 되는 길을 나 때문에 걸어가 주신다. 마치 십자가에 달리시던 그때처럼.

다른 가족의 마음을 다 헤아릴 수도 없었고 하나님의 뜻도 헤아리기엔 내 마음이 한없이 작았지만, 내가 누군가의 걱정이 되지 않도록 내 마음을 지키고 걸어가는 것, 이것만 생각했다.

나는 고통스러워하는 그를 보며 마냥 안타까워할 수만은

없었다. 그는 나와 같은 곳에서 숨을 쉬고 있었다. 아직 하나님은 그에게 생명을 허락하셨다. 눈을 들어 하늘을 바라보며 이 길을 걸어가야 했다. 나는 김윤상의 아내이고, 세 아들의 엄마다. 이것이야말로 하나님이 내게 맡기신, 육안으로도 확인할 수 있는 명확한 사명이었다.

이런 간절한 마음과 달리, 그에게 드리운 죽음의 그림자는 의사들로 하여금 또다시 3일간이 고비라는 이야기를 듣게 했다. 병원에서 집으로 돌아오면서 생각했다.

'아이들에게 아빠의 어려운 상황을 이야기해야 한다. 그것이 맞다.'

'내가 만약 예준이라면 어떤 것을 원할까?'

만약 아빠가 죽음을 맞게 된다면, 난 아빠에게 닥친 어려움을 모르고 지난 시간이 낫다고 생각할까, 아니면 아빠의 어려움을 알고 지난 시간이 더 낫다고 생각할까. 스스로 질문해 보았다. 그리고 나의 결론은 '아무리 어린 자녀라도 부모에게 어려움이 있다면 알아야 한다'는 것이었다. 이유는 단 하나, 우리는 가족이니까.

비록 아이들이 어리지만 친구들과 노는 중에도 가족의 누군가가 생사를 오가는 상황에서는 말을, 행동을 조심하기 원했다. 늘 가지고 있던 바람이기도 했지만, 이런 때일수록 더욱 친구들에게 양보하며 놀기를 바랐다. 혹시나 아빠에게 심각한 상황이 벌어지더라도 아이들이 적어도 바른 모습으로 그 시간을 보내고 있기를 바랐다.

저녁 8시 30분, 아이들이 잠자리에 들기 전 한자리에 모였다. 함께 기도하기 전에 아빠의 상황을 나눴다.

"예준아 예성아 예왕아, 아빠가 정말 많이 아프시대. 많이 위독하셔. 그래서 우리의 간절한 기도가 정말 필요해. 우리 사랑하는 아빠를 위해서 기도할까?"

함께 기도했다. 큰아들 예준이의 기도다.

"예수님이 채찍에 맞으므로 아빠가 나음을 입었습니다. 하나님! 저에게는 아빠가 정말 필요해요. 하나님 도와주세요. 우리 아빠를 도와주세요."

'정말 그래요, 주님. 우리 가족에게는 김윤상이 있어야 해요. 하나님, 김윤상을 도와주세요. 우리에게 은혜를 베풀어 주세요.'

아이들과 아빠를 위한 기도를 마치고 잠자리에 들었다.

'이 아이들도 얼마나 놀랐을까?'

하지만 아이들은 너무도 잘해 주고 있었다. 잠자는 시간 빼고는 내 손길이 미치지 않던 시간이 없었는데, 아이들은 지금 나의 손을 요구하지 않고 이 시간을 지나고 있다. 아이들은 각자의 마음의 용량만큼 이 시간을 지혜롭게 지나고 있는 것이다.

고마워! 내 든든한 동역자들.

딸의 행복이 아비의 행복이다

매일 중환자실 앞에 있다가 문득 한 가지 생각이 스쳐 갔다.

'주님께서 그에게 천국을 보여 주시면 안 되는데, 정말 안 되는데.'

그는 뼛속까지 비즈니스맨이다. 이제껏 사업으로 하나님의 부르심을 받고 열심히도 내달렸다. 주신 비전을 이루어 하나님께 영광 돌리고 싶어 했고, 또 이를 통해 가족이 누리는 삶을 살기를 바랐다. 포기하면 안 되는 기회가 무엇인지 너무도 잘 분별하는 사람이기에 하나님께서 천국을 보여 주시면 그냥 거기에 눌러앉아 버릴 것만 같았다.

'주님, 주께서 그에게 천국을 보여 주시면, 그는 이곳에 가족이 있다는 것조차 잊을 거 같아요. 주님, 당신은 하나님이신데, 천국까지 보여 주시면, 제 기도가 너무 안쓰럽잖아요. 주님, 그에게 천국만큼은 보여 주지 마세요.'

하나님은 멈추지 않고 계속해서 그와 동행해 주신다. 졸지도 않으시는 하나님이 당신의 완벽한 성실하심으로 그에게 일하고 계신다.

'아버지, 딸의 기도 듣고 계시지요?'

'우리의 기도가 당신의 귓가에 쟁쟁하시죠?'

'딸의 행복이 아비의 행복이다'라고 생각하실 아버지. 육신의 아비도 자녀의 행복을 채우기 위해 몸부림치는데, 하물며 '나의 하늘 아버지는 더하시겠지요' 고백해 본다.

그의 사고가 있기 한 달 남짓 전에 우리의 10주년 결혼 기념일에 아이들과 수영장에 갔다. 아빠가 아이들을 무한반복으로 물에 던져 주자 아이들은 세상 신나게 까르르거리며 좋아했다. 그 모습을 영상에 담아 놓았다.

그보다 앞선 여름 방학에는 한국에서 아이들 작은아빠와 조카가 놀러 오고 과테말라에 계신 아버지까지 오셔서 '킴패밀리'의 추억을 만들 수 있었다. 이후 과테말라에 계신 어머니가 홀로 버스를 타고 오셔서 한동안 우리 가족과 시간을 보냈다. 너무 신기하게도 사고가 있기 몇 달 전에 가족들은 저마다 김윤상과 의미 있는 시간을 가질 수 있었다.

그래서일까? 깨어나지 않은 김윤상이 안타까워 간절히 하나님만 부르고 바라봤지, 아쉬움에 눈물 흘리지는 않았다. 하나님은 우리 가족들 한 사람 한 사람을 만지고 계셨고, 이 시간을 위해 우리가 알지 못하는 중에 단단히 준비시켜 주셨다.

사랑하는 사람이 사지로 내몰린 상황에서 '우선 정신을 차리자'고 무수히 되뇌며 마음을 다잡는 나를 찬찬히 살펴보고 계실 아버지 당신의 마음에 기대어 간절히 읊조렸다.

'아버지!'

그냥 이것으로 충분했다.

김윤상의 부서진 몸을 내가 고치듯이,
기도하는 너희 한 사람 한 사람의
마음도, 삶도 내가 만지고 있단다.

#주가 일하신다

함께 선다는 것

우리는 2017년 8월 16일, 멕시코의 크리스천 리더를 양성하기 위해 세워진 학교와 그 학교의 재정적 자립을 위해 자비량(비즈니스)을 운영하고 있는 공동체에 들어갔다. 남편은 과테말라에서도 사업을 했기 때문에, 이곳에서 하나님이 허락하신 기간 동안 평신도 선교사로서 사역을 건강히 세우는 데 기여하고, 한편으로 본인도 자비량에서 사역하는 1차 산업이 어떻게 진행되는지 알아보고 싶어 했다.

공동체에 들어온 후 우리 가족은 선교센터에 있는 방과 화장실(샤워실)로 구성된 원룸을 2개 배정받아 생활했다. 아이들은 현지 아이들을 위해 공동체에서 세운 학교에 다녔고, 아직

초등학교에 입학 전인 막내는 근처 유치원을 다녔다. 선교지라지만, 가정집에서 기숙사로 거처를 옮겼을 뿐 엄마로서, 아내로서 나의 역할은 크게 다르지 않았다.

사고 후 선교센터는 비상 체제에 돌입한 듯했다. 사고 다음날 오전 6시부터 오후 9시까지 릴레이 기도에 들어갔고, 밤 10시부터 오전 7시까지는 센터의 장년 형제 선교사 3~4명이 돌아가면서 병원에서 밤을 지켰다. 약이 상비되어 있지 않은 병원이기에 언제 어떻게 약이 필요할지 모르므로 보호자가 24시간 중환자실 앞을 지켜야만 했다. 낮에는 사역을 하고, 밤에는 돌아가며 병실 앞을 지키는 고된 일을 묵묵히 감당해 준 그들이 얼마나 든든하고 고마웠는지 모른다.

3주가 지나면서 장기화될 것 같은 이 시간을 지혜롭게 지나기 위해 간병인을 쓰기로 했다. 릴레이 기도는 계속해서 돌아갔고, 자매 선교사들과 청년들은 내가 엄마로서 부족할 수밖에 없는 시간을 채워 주었다.

병원에 있다가 집으로 돌아오는 길이면 아이들과 어떻게 시간을 보낼까 궁리했다. 늘 함께할 수 없으므로 짧은 시간만이라도 알차게 보내고 싶어서였다.

빠짐없이 하고 싶지만, 마음과 달리 집안일이 하나씩 빠질 때가 종종 있었다. 그 때문에 종종 감동하는 일이 생겼다. 우리 숙소 앞에 걸어 둔, 언제 빨았는지도 잊고 있던 우리 가족의 빨래가 예쁘게 개어 있기도 했고, 청년 누나 형들이 놀아 줘서 좋았다는 이야기를 아이들로부터 듣곤 했다. 그리고 복도에서 마주칠 때면 어떠한 위로도 할 수 없기에 그저 꼭 안아 주고 갔다. 그들의 배려와 응원하는 마음이 차곡차곡 전해져 내 마음을 따뜻하게 데웠다.

선교센터에서 학교장을 맡고 계신 이 선교사님은 스페인에서 의대를 졸업한 외과 의사였다. 이전까지 외과의로서 의술이 필요한 곳에서 사역을 감당하셨는데 이곳에 오면서 학교 사역을 담당하게 됐다. 그는 센터에서 한국 스태프나 학생, 교사들이 아플 때 병원의 설명을 잘 이해할 수 있도록 도와주었다. 스페인어권인 멕시코에서 살아가는 외국인인 우리로선 그의 도움이 너무나 귀했다.

한국 일정을 마치고 돌아온 선교사님은 센터에 사고가 있었다는 이야기를 듣고 바로 병원으로 달려와 남편의 상태를 살펴보았다.

"얼마나 놀라셨어요? 김 선교사님은 생각했던 것보다 잘 견디고 계신 것 같습니다."

그 뒤로도 매일 학교 사역 일정을 마치면 병원에 방문하여 김윤상의 상태를 체크했다. 그리고 다음 날 오전 9시 센터 교회에서 나와 가족들에게 그의 현재 상태를 브리핑했다. 이 선교사님의 설명을 토대로 우리는 그날의 기도를 드렸다.

긴박하게 돌아가는 하루 중 이 시간은 심장과도 같은 시간이었다. 방향을 잃지 않고, 우리의 감정대로 판단하지 않고, 귀에 들리는 대로 눈에 보이는 대로 선을 긋지 않고, 오직 선하신 여호와 하나님만을 분명히 붙잡는 시간이었다.

나의 주님은 영의 세계에만 국한되신 분이 아니다. 이 사실이 얼마나 기쁘고 감사하고 힘이 되는지 모른다. 실제로 이 땅에 오신 예수님은 그의 손과 발에 못이 박히셨으며, 머리엔 가시면류관을 쓰셨다. 그분은 이 땅에서 우리에 대하여, 김윤상에 대하여, 나에 대하여 차고도 넘치는 지불을 해주셨다.

그가 채찍에 맞음으로 너희는 나음을 얻었나니 벧전 2:24

예수 그리스도는 채찍을 맞고 몸의 살이 찢겼다. 그러므로 우리의 나음은 영혼육 모든 것을 아우르는 것이었다.

하나님이 그리하셨다면

세 형제의 도시락을 싸서 등교시킨 후 방 정리를 하고 나면 아침 9시가 된다. 보통은 내가 먼저 병원으로 향했다. 오후 시간 부모님이 병원에 오시면 교대를 하고, 하교하는 삼형제를 맞았다. 저녁 시간 즈음 부모님이 오시면 함께 식사를 하고 부모님께 아이들을 맡기고 나는 병원으로 다시 돌아가 밤 10시까지 중환자실 문 앞을 지켰다.

그날 아침, 나는 끝도 없는 나락으로 추락하는 것 같았다. 어찌할 바 모르는 이 기분으로 그에게 가면 안 될 것 같았다. 아직 깨어나지 않은 그였지만, 지금의 내 마음 상태를 훤히 꿰뚫어 볼 것만 같았다. 그래서 부모님께 부탁했다.

"어머니, 오늘은 어머니가 병원에 먼저 가 주실 수 있으세요? 전 오늘 오후에 가는 것이 좋을 것 같아요."

"그래라."

그렇게 부모님이 병원으로 출발하신 후 나는 센터 내에 있는 교회로 향했다. 교회 문을 열자마자 십자가 앞으로 서둘러 갔다. 그리고 그 앞에 무릎을 꿇고는 대성통곡을 했다.

"아버지!"

17일 동안, 마음 깊은 곳에서부터 간절히 부르고 싶던 한 마디였다. 모든 것을 다 내려놓고 이렇게 하나님 앞에 엎드려 '아버지'를 부르고 싶었다. 사고 후 나는 하나님께 매 순간 긴박하게 돌아가는 김윤상의 상태를 기도로 올려 드렸다. 하지만 그날만큼은 김윤상의 보호자도 아닌 아이들의 엄마도 아닌 단지 하나님의 딸로서 하나님 앞에 엎드리고 싶었다. 나의 주 나의 하나님께 정말 할 말이 많았다.

나는 지금 너무 벅차다고, 말도 안 통하는 외국에서 너무 두렵다고, 열악한 병원 시설이 너무나 절망적이라고.

'하나님 아버지께서 우리에게 주신 당신의 세 아들 예준이 예성이 예왕이에게는 아직 아빠가 필요해요. 아홉 살, 일곱 살, 네 살이에요. 아버지, 어쩌자고 제게 이런 일을 주셨어요. 당신의 말씀을 받고 순종하여 우리의 부모를 떠나 이 낯선 곳

까지 왔는데요, 주님.'

하지만 마음으로 부르짖을 뿐이었다. 혹시나 하나님께 나의 말이 믿음 없이 들릴까 봐, 언짢아하실까 봐 입 밖으로 내지 못했다. 물론 그럴 분이 아니시지만, 그럼에도 지금 맞닥뜨린 현실이 나를 조심스럽게 만들었다. 내 마음을 다 쏟아내고 싶었지만, 그조차 용기가 나지 않았다. 아버지의 어떤 결정이든 받아들일 용기도 없었지만, 아버지 앞에서 벗어날 용기는 더더욱 없었다. 나는 단지 "아버지, 아버지" 하고 부를 뿐이었다.

얼마나 그러고 있었을까. 꼭 쥔 주먹으로 무릎을 치며 기도하던 내게 하나님은 손가락 하나하나를 펴게 하시더니 두 손을 들고 기도하게 하셨다. 그리고 이런 생각이 내면 깊은 곳에서 울렸다.

'전지전능하신 하나님께서 그를 바로 일으키실 능력이 없으실까? 당장 그를 온전히 일어나게 하실 수 있는 분이지 않은가. 헌데, 그를 그냥 두셨다.'

그렇다. 전지전능하신 하나님께서, 능치 못한 일이 없으신 하나님께서 김윤상을 이렇게 두기로 결정하신 것이다.

"김윤상을 예수 그리스도의 가치로 사랑하시는 하나님 아버지께서 김윤상을 데려가기로 결정하셨다면, 그것은 김윤상에게 최고로 선한 일입니다. 나의 남편 김윤상을 데려가시고, 나를 과부로 살라고 결정하셨다면, 나를 예수 그리스도의 가치로 사랑하시는 하나님 아버지께서 그리 결정하셨다면, 그것은 내게 최고로 귀한 선물입니다. 예준이 예성이 예왕이에게서 세상에 단 하나뿐인 아빠를 데려가기로 결정하셨다면, 그것은 우리 아이들에게 하나님께서 주신 최고의 선물입니다. 이 일의 주인은 여호와 하나님이십니다. 하나님 감사합니다. 당신의 성품대로 마음껏 일하여 주옵소서."

독생자 예수 그리스도를 보내기까지 우리를 사랑하시는 하나님이 그리 결정하셨다면, 그것은 우리에게 완벽한 선이다. 전지하신 분이 이 작은 피조물의 생을 두고 얼마나 많은 생각 끝에 결정하신 것이겠는가. 아들을 십자가에 내어주기까지 우리를 사랑하신 나의 아버지께서 가족의 아픔에도 불구하고 굳이 그렇게 결정하신 것이라면, 그것은 우리에게, 나에게 가장 선한 일인 것이다.

하나님의 뜻은 이루어질 수밖에 없다. 그 앞에 선 나는 참으로 미약한 존재였다. 혹 내 뜻과 달라도 하나님의 뜻이 선하심을 고백할 수밖에 없었다.

이렇게 모든 것을 주 앞에 올려 드리고 나니 깊은 곳에서 평안이 올라왔다. 주의 선하심과 주가 우리의 주인이심과 주가 지금까지 일하고 계심이 나를 평안하게 했다.

"감사합니다, 하나님. 하나님이 그리하셨다면, 우리 가족에게 가장 좋은 것임을 신뢰합니다. 그러니 나의 대답은, 오직 감사입니다. 감사합니다. 주님."

주님의 마음

상황이 변한 것은 없었다. 평안할 이유가 없는 상황이었지만, 내 마음 깊은 곳에서 흔들림 없는 평안이 올라왔다. 이것은 그가 사느냐 죽느냐 하는 데서 오는 평안이 아니었다. 여전히 내 마음은 몰아치는 폭풍우에 사납게 일렁이는 파도 같았지만, 저 깊은 내면은 폭풍우와 상관없이 고요했다. 시공을 초월한 평안이 묵직하게 쉼없이 올라왔다.

'이것이 세상이 알 수 없는 평안이구나.'

세상은 말한다. 남편이 죽어 가는 상황에서 평안한 게 이상하다고. 물론 매 순간 슬프고 두려웠다. 하지만 내 마음 깊은 곳에서 멈추지 않고 계속해서 올라오는 평안까지 두려움이 앗아 가지는 못했다.

이 평안을 깨닫기 시작한 지 하루도 채 지나지 않아 하나님은 내 마음의 중심을 알기 원하셨다. 진정 하나님이 하시는 모든 일에 감사로 올려 드릴 수 있는지, 오전에 드렸던 나의 고백이 진심이었는지, 하나님은 나의 마음을 정말로 알고 싶어 하셨다. 하나님은 내 마음의 거룩한 제사를 받기 원하셨다.

오후 3시쯤 한결 가벼워진 마음이 되어 남편에게 가기로 했다. 바로 그때 병원에 계신 아버지로부터 전화가 왔다. 그가 폐 기능이 떨어져서 긴급 수술에 들어가야 한다는 것이었다. 장 수술만 세 번째였다. 아직 깨어나지도 않은 그를 또다시 수술실로 끌고 간다니 너무너무 싫었다. 그때까지 나는 아직 울 때가 아니라며, 아직 끝이 아니라며 사람 앞에서만큼은 버티고 또 버텼다. 그런데 또다시 수술해야 한다니! 마침내 참았던 눈물이 터져 버렸다.

"아버지… 아버지…."

속에서부터 끓어오르는 애달픈 심정을 이루 말할 수 없어서 대성통곡을 했다.

"아버지… 감사합니다… 감사합니다… 주님…."

무슨 정신으로 고백한 것인지는 모르겠지만, 나는 감사를 외치고 또 외쳤다.

하지만 지체할 수가 없었다. 지금 보지 않으면 다음은 없을 것 같았다. 차를 몰고 가려는데 어머니가 멈춰 세우더니, 지금 네가 운전하는 것은 아닌 것 같다고 하셨다. 그와 동시에 병원에서 연락을 받은 이 선교사님과 대표 선교사님이 병원에 가자고 하셨다.

병원으로 향하는 차 안에서 이 선교사님이 그가 받을 수술에 대해 말씀해 주셨다.

"여긴 '시술'이라는 단어가 없고 다 수술이라고 표현해요. 김 선교사님이 받을 수술은 한국에선 '시술'이라고 표현하는 거예요. 레지던트들도 간단히 하는 시술이에요, 폐에 물이 차서 폐 기능이 둔해졌는데 이 물을 빼기 위해 간단히 폐에 삽관시키는 거예요."

차분히 설명해 주시는데, 순간 하나님은 나의 마음도 살피시는구나 했다. 이 일은 남편에게만 해당되는 일이 아니었다. 그를 고치고 세우겠다고 그에게만 일하고 계신 것이 아니었다. 가족과 공동체, 그리고 그의 기도 제목을 붙잡고 간절히 기도하는 전 세계 기도 동역자들 한 사람 한 사람을 하나님 아버지는 살피고 계셨다. 그 한 사람 한 사람이 믿음의 걸음을 떼기 원하시는 하나님의 보살핌이었다.

'김윤상의 부서진 몸을 내가 고치듯이, 기도하는 너희 한 사람 한 사람의 마음도 삶도 내가 만지고 있단다. 영이 부서진 너, 마음이 무너진 너, 관계가 깨어진 너, 온전한 나를 몰라 나에게 실망한 너, 육안으로는 알 수 없지만 부서지고 상한 마음을, 영을, 삶을, 관계를 만지고 있단다. 이것은 김윤상을 위해 기도하는 모든 영 가운데 행할 나의 뜻이란다.'

그랬다. 이것이 주님의 마음이었다.

잠시 숨을 고르고

"아버지가 어제 '나는 늙었으니 날 데려가시고 윤상이를 살려 달라'고 하셨다는 이야길 들었어. 세 아이들도 너무 어리고, 아내도 너무 젊고, 아직 저들에게는 아빠도, 남편도 필요하니 제발 나를 데려가 달라고 기도했다고 하시더라."

어머니의 말을 듣고 깊은 데서 뜨거운 것이 올라왔다.

"그런데 나는 하나님께 가서 '남편 기도는 취소고요. 저를 데려가 주세요' 했단다."

어머니는 그러면서 "하나님이 계시니까 우리가 이 상황에도 평안 가운데 이야기할 수 있구나" 하셨다. 애끓는 마음은 어머니나 나나 마찬가지였지만 우리는 이 상황을 너무 무겁지 않게 이야기할 수 있었다. 어머니 말씀대로 하나님이 계시므로 슬픔이 우리를 삼키지 못했다. 이것이 예수 그리스도의 '살롬'이었다. 우리 눈에 눈물이 마를 날이 없지만, 그럼에도 그 눈물이 우리를 삼킬 순 없었다.

이 일이 있은 후 나는 일부러 친정에 전화하지 않았다. 혹시나 다잡고 있던 마음이 무너질까 봐, 달려갈 길이 한참 먼데 벌써 주저앉을까 봐 연락을 드리지 못했다. 하지만 부모님은 먼 고국에서 속이 얼마나 타실까. 궁금하지만 전화로 안부도 묻지 못하는 부모님이셨다. 결국 여동생에게 전화를 걸었다.

동생은 내 SNS를 통해 올라온 기도 제목을 친정 부모님과 공유하고 본인의 기도팀에게 전달하고 있었다. 어디서부터 어떻게 이야기를 해야 할지…. 동생도 나도 몇 마디 나누지 못하고 우물쭈물하고 있었다. 그러다 아버지가 윤상이 대신 자신을 데려가 달라고 했다고, 또 그 얘기를 듣고 어머니가 아버지가 아니라 자신을 데려가 달라고 했다는 말을 전하자 동생이 말했다.

"언니, 엄마도 그랬어. '우리 민경이에게는 김 서방이 필요합니다. 김 서방 살려 주시고 저를 데려가 주세요' 했어. 엄마 옆에 계시니까 잠깐 바꿔 줄게."

"민경아."

엄마다!

"민경아, 나도 그랬어."

'그래 부모님 마음이 다 이리 절박하고 간절하시지.'

목소리를 가다듬고 대답했다.

"엄마! 어머니도, 엄마도, 나도 우리 각자 남편 책임지고 삽시다. 엄마 안 계시면 아빠도 안 되고, 어머니 안 계시면 아버지도 안 돼요. 하나님이 허락해 주신 남편들 각자 알아서 잘 책임지는 걸로."

그렇게 말하며 웃어 보였다.

"그래. 민경아, 엄마는 민경이가 너무 잘하고 있는 거 알아. 기도하고 있어. 내 딸이지만 너무 대견하다."

엄마 목소리를 들으니 마음이 한결 편안해졌다.

'고마워, 엄마.'

양가 부모님들도 이토록 간절하신데, 하물며 김윤상의 천부이신 여호와 하나님은 어떻겠는가. 엄마와 나눈 통화는 숨이 차게 달리던 내게 잠시 쉼을 주었다. 눈물인지 땀인지 분간할 수 없이 달리던 내게 이제 숨을 고르라고 말해 주는 것 같았다.

내가 너의 친구야

수혈을 해도 모자란 그의 헤모글로빈 수치. 사람의 헤모글로빈 수치가 9~15 사이가 정상이라고 하는데, 지금 그의 상태는 7 정도였다. 심각하게 다친 장기들이나 골절이 된 다리에 산소 공급이 잘되기 위해서는 헤모글로빈 수치가 정상으로 올라가야 한다. 사고 당시 많은 피를 흘려 지금까지 13팩이 넘는 수혈을 한 상태이다 보니 많은 수혈로 인하여 몸에서 수혈 거부 반응이 일어났다.

이곳 멕시코는 AB+형 피가 한국에 비해 현저히 부족하다. 멕시코 전체 인구의 5% 정도가 AB형이라고 하니, 멕시코 최남단에 있는 시골 국립병원에서 AB형 혈액을 구하는 일은 결코 쉽지 않았다.

사고 후 병원에 들어왔을 때 그는 이미 4리터의 피를 쏟은 상태였다. 바로 수술하면서 병원에 있는 A, B, O형 피를 9팩이나 수혈했고, 그 뒤로도 피가 모자랄 때마다 몇 차례 더 수혈을 했다. 그러다 그의 몸이 수혈 거부를 하면서 오로지 AB형만 수혈할 수밖에 없었다. 그런데 이제는 그조차도 거부 반응을 했다.

AB형 피에도 네 가지 타입이 있다는 것을 처음 알았다. 네 가지 타입 중 1번 타입만 몸에서 받아들였고, 나머지는 거부반응을 했다. 그런 와중에 또다시 수혈을 해야 하는 상황이 벌어졌다. 병원에는 AB형 피가 없었다. 이 지역에서 제일 가까운 큰 도시에서 피를 가져와야 했다. 하지만 그곳에 우리가 원하는 피가 있을지도 장담할 수 없었다.

그때 예준이 친구 엄마인 베로니카에게서 전화가 왔다. 도와줄 일이 없냐고.

처음 그녀를 알게 된 것은 그녀의 셋째인 미겔리또가 예준이와 함께 축구를 하고 싶어 한다는 이야기가 나오면서부터다. 예준이는 축구를 정말 하고 싶어 했는데, 멕시코로 이사한 후, 축구클럽을 알아보기가 쉽지 않았다. 미겔리또의 엄마 덕분에 예준이가 축구를 하게 되었고, 그때부터 베로니카와 가깝게 지냈다.

베로니카와 남편은 이곳 코미탄에서 산부인과를 하는 의사 부부였는데 소식을 듣고 도울 일이 없냐고 물어온 것이다.

수혈할 피가 없다는 말에 그녀는 "민디, 걱정 마" 하며 백방으로 알아봐 주었고, 이곳에서 왕복 6시간 걸리는 뚝술라 혈액 병원에 AB형 한 팩이 있다는 정보를 주었다. 그녀의 동생이자 예준이의 축구 선생님인 구스따보는 원래 직업이 병원의 행정과 직원이다. 이들이 퇴근 후 병원으로 와서 남편의 상황을 체크하는가 하면 구하기 어려운 약들을 알아봐 주었고, 나의 간식은 물론 밤샘을 하는 병원 의사들과 간호사들에게도 커피와 빵을 나눴다.

지난 10년간 중미에서 살아오면서 과연 이곳에 나의 친구가 있을까 했는데, 어려운 일을 당하고 나서 알았다. 내게도 귀한 멕시코인 친구가 있다는 것을. 과테말라에서는 한인 사회의 울타리 안에서 생활했기 때문에 현지 사람과 친구로 지낼 기회가 별로 없었다. 멕시코에 와서도 새로운 환경에 적응하느라, 어린 세 아이들을 키우느라 정신이 없어서 친구를 사귈 엄두를 내지 못했다. 그럼에도 학교가 우리 집 울타리 안에 있는 덕분에 예준이 예성이의 친구 엄마들이 먼저 손 내밀어 다가와 주었다. 베로니카 외에도 예성이 반 친구 엄마들과 이렇게 저렇게 알게 된 엄마들이 병원 앞에 와서 나의 필요를 물어봐 주었고, 언제든 도움을 주겠다고 말해 주었다. 병원에서도 "예준이 예성이 예왕이와 우리 아이가 영어 학원에 같이 다녀서 너를 본 적 있다"며 나를 알아보고는 도움이 필요하면 말해 달라는 분들이 있었다. 기도하고 있으니 힘내라는 말도 잊지 않았다.

이 작고 작은 내가 뭐라고, 사망의 음침한 골짜기에서 나의 주님은 당신의 지팡이와 막대기로도 넉넉한데 친구들까지 보내 주시는지…. 함께 건너고 있으니 힘내라는 격려를 아끼지 않는 친구들의 한 마디 한 마디에 마음 깊은 곳까지 따뜻해졌다. 낯선 외국인인 내게 먼저 다가와 '내가 너의 친구'라고 따뜻한 마음을 전하는 그들, 내겐 이미 손가락으로 꼽지도 못할 만큼 친구들이 있었다.

그에 대한 의사들의 소견이, 병원의 열악한 환경이, 병원에서 가장 위독한 환자가 김윤상이라는 사실이, 모두 낯설고 두려운 상황이었다. 하지만 주님은 '내가 너와 함께한다'며 말로만 위로하시지 않았다. 주님은 이 낯선 현실 속에 나를 홀로 두시지 않았다. 사람들을 보내 주셔서 그들로부터 위로를 받게 하셨다. 그들은 말뿐이 아니라 시간을 내어 나와 함께하며 나를 꼭 안아 주었다. 한 번도 경험해 보지 못한 낯선 시간과 공간 속에 덩그러니 놓인 나를 그냥 지나치지 않고 그들은 내 곁에 함께 서 주었다. '너무 두려워 말라'고, '내가 너의 옆에 있다'고, '너의 친구인 나를 잊지 말라'고, 내 친구들은 그렇게 마음을 주며 나를 격려하고 위로했다.

때를 얻든지 못 얻든지

병원 생활이 2주가 되어 가니, 중환자실 앞에 나와 있는 환자 가족들과 일반 병동에 입원한 환자들의 보호자들이 눈에 들어오기 시작했다. 진료에 필요한 약들을 사다 주어야 하기 때문에 병원 복도 의자에는 늘 보호자들이 있었다. 며칠을 계속 만나니 서로의 얼굴을 기억하게 됐고, 말로 표현하지는 않았지만 아픈 가족을 둔 마음을 서로 헤아릴 수 있었다.

멕시코의 시골구석 병원에서 흔치 않은 동양인이 2주간이나 밤낮으로 병원 간이의자를 지키고 있으니, 우리가 몹시 궁금했는지 어느 나라 사람이냐, 여기 왜 왔냐, 누가 얼마나 아프냐 등을 물어왔고 자연스럽게 우리는 친구가 되었다.

부모님과 교대 시간이 되어 병원에 갔더니 부모님이 환자 보호자들과 이야기를 나누고 계셨다. '무슨 이야기를 하고 계시지?' 싶어 가까이 다가가 앉으니 부모님은 그들에게 복음을 전하고 계셨다. 때를 얻든지 못 얻든지 복음을 전하라는 하나님의 말씀에 순종하고 계신 것이다.

나는 옆에서 지금 복음을 듣고 있는 이 영혼을 구원해 달라고 속으로 기도했다.

그런데 복음을 듣던 보호자가 바로 그 자리에서 예수 그리스도를 나의 주, 나의 하나님으로 영접했다. 뿐만 아니라 자신의 환자에게도 복음을 전해 달라고 부탁했다. 그래서 아버지는 그 환자의 병동으로 찾아가 복음을 전하고 영접 기도를 하셨다.

아버지는 멕시코에 온 지 이틀 만에 병원 앞 타코 집 할머니에게 전도를 하셨다. 그때는 대수롭지 않게 여겼는데 이제야 아들이 사경을 헤매는 상황에서도 내 주님께 드릴 수 있는 것을 찾으시는 부모님이 눈에 들어왔다.

"민경아, 우리 하나님은 윤상이에게 지금 쉬지 않고 일하고 계시잖니. 그럼 나는 내가 선 곳에서 주의 일을 해야지."

오늘 또 이렇게 배운다. 그래 이것이 믿음이다. 하나님이 김윤상에게 일하시기 때문에 나는 김윤상의 생사에 매달리지 않는다. 일하시는 하나님을 신뢰함으로 잃어버린 한 영혼을 찾으시는 예수 그리스도와 동행하는 것이 내가 할 일이다.

아버지로부터 복음을 들은 보호자들은 예수 그리스도를 영접한 뒤 그들의 환자에게도 복음을 전해 줄 것을 요청했다. 그래서 아버지는 종종 병실에 초대되어 병원 이곳저곳을 다니셨고, 어머니는 가족의 아픔으로 마음도 삶도 지친 멕시칸들을 위로했다.

가족의 아픔으로 어두운 시간을 보내던 보호자들에게 복음은 빛이었고, 소망이었고, 은혜였다. 나의 죄를 위해 십자가에서 죽으신 예수님, 하나님의 말씀대로 3일 만에 부활하신 예수님, 그 예수님이 지금도 살아서 나의 모든 것을 아시고, 나와 동행하고 계신다. 이 진리를 다시금 되새겼다.

함께 생명으로 나아가자

그가 누워 있은 지 24일이 지났다. 나와 시동생, 아버지와 어머니는 여느 때와 같이 아침 9시에 선교센터 교회에 모였다. 그날도 이 선교사님이 남편의 상황을 설명해 주었다.

그날은 병원에서 그를 깨워 본다는 날이었다. 3주 넘게 인튜베이션을 하면 그곳을 통해 감염이 일어날 수 있기 때문에 자가호흡이 가능한지를 확인하고, 자가호흡이 어려울 경우 목에서 바로 기도로 연결하는 호흡기를 장착하는 기도삽관술을 한다고 했다.

짧은 브리핑 후, 이 선교사님은 나가시고 우리 가족만이 남았다. 새벽에 기도를 하셨는지 이미 아버지의 눈이 퉁퉁 부어 있었다. 하지만 표정은 담담하셨다.

“하나님이 윤상이를 데려가신다면 데려가셔야지. 그치 민경아?”

그렁그렁한 아버지의 눈동자 속으로 내가 보였다. 나는 말없이 고개를 끄덕였다. 하나님은 그의 엄마에게, 그의 동생에게, 그의 아내인 내게 이 고백을 차례로 들으신 모양이다.

이날 아버지는 고장 난 수도꼭지처럼 쉬지 않고 눈물을 흘렸다. 지난 10년간 가족이 되어 살아오면서 아버지의 눈물을 본 것은 이번이 처음이었다. 아버지는 가늘게 붙어 있는 호흡이 끊길 새라 하나님께 매달리시더니 마침내 큰아들 윤상이를 하나님께 전적으로 맡기기로 했다.

남편과 함께 중환자실에 누워 있던 과테말라 청년이 있었다. 이 청년도 교통사고 환자였는데, 청년의 소식을 듣고 다급히 국경을 넘어온 그의 부모는 청년의 생명을 포기해야만 했다. 멕시코 국립병원이었기에 진료비나 수술비는 들지 않았지만, 약값은 보호자 부담이었다. 약값이 만만치 않았다. 생명이 경각에 달린 위중한 환자들에게 쓰는 약들은 거의 값비싼 수입품이었기에, 하루 벌어 하루 생활하는 이들에게는 큰 부담이 될 수밖에 없었다.

그 이야기를 듣고 마음이 먹먹했다. 의사들이 청년은 위중한 상태이긴 하나 필요한 약만 꾸준히 복용하면 치료가 가능했을 것이라고 말했다.

부모님은 기도하시는 가운데 이사야서 58장이 생각났는데 말씀을 묵상하면서 '내 아들만이 아니라, 우리 이웃들도 함께 생명으로 나아가자'는 마음이 들었다고 하셨다. 그러면서 아들의 치료를 위해 가져온 금액의 반을 떼어 돈이 없어 진료를 받지 못하는 위중한 환자들에게 나눠 주기로 결정하셨다.

아버지는 '함께 생명으로 나아가자'는 마음으로 제일 먼저 당신의 아들을 하나님의 손에 내려놓으셨다. 얼마나 간절히 살리고 싶어 하셨는지 잘 알기에 '윤상이의 생명은 하나님 것이니 하나님께 내어드린다'는 고백을 하기까지 마음속 전쟁이 얼마나 치열했을지 짐작하고도 남았다.

남편은 자가호흡이 어려웠다. 기도삽관을 위해 그날 오후 또다시 수술실로 들어갔다. 의식이 없는 상태에서 다섯 번째 수술실로 가는 것이다. 그후 3일 안에 그의 폐가 스스로 호흡해야 했다.

그렇게 밤이 지나고 아침이 됐다. 삽관술을 했는데, 불과 몇 시간 전에 어려웠던 자가호흡이 거짓말처럼 시작되었고, 12시간도 되지 않아 기도삽관 튜브를 제거하고 인공호흡을 위한 반구 마스크를 찼다. 그리고 두세 시간 뒤에는 코밑으로 지나가는 얇은 튜브로 바뀌었다. 24일간 전혀 상상도 못했던 회복이 급속도로 이뤄지고 있었다. 밤사이 그의 회복력이 전혀 다른 사람처럼 빨라진 것이다.

이사야서 58장에서 하나님은 당신이 기뻐하시는 금식이 어려움에 처한 이웃의 간절한 필요를 깨닫고 나의 가진 것을 떼어 나누는 것이라 하셨다. 그러면 너의 치유가 급속할 것이라고 하셨다.

> 내가 기뻐하는 금식은 흉악의 결박을 풀어 주며 멍에의 줄을 끌러 주며 압제 당하는 자를 자유하게 하며 모든 멍에를 꺾는 것이 아니겠느냐 또 주린 자에게 네 양식을 나누어 주며 유리하는 빈민을 집에 들이며 헐벗은 자를 보면 입히며 또 네 골육을 피하여 스스로 숨지 아니하는 것이 아니겠느냐 그리하면 네 빛이 새벽같이 비칠 것이며 네 치유가 급속할 것이며 네 공의가 네 앞에 행하고 여호와의 영광이 네 뒤에 호위하리니 네가 부를 때에는 나 여호와가 응답하겠고 네가 부르짖을 때에는 내가 여기 있다 하리라 사 58:6-9

그의 회복은 주님의 일하심이었다. 나는 분명히 그것을 만진 듯이 깨달았다.

세상을 이길 힘이 있어.

그것은 '예수' '보혈'이야.

이것을 잊으면 안 돼.

살아가면서 다른 것은 다 잊어도

이것만은 꼭 기억해야 해.

#예수, 보혈, 구원

그가 깨어났다

24일 만에 남편이 깨어나고 있었다. 잠에서 일어나듯 바로 깨지는 못했다. 수많은 약들 사이에서 정신을 차려야 했기에 깨어나기까지 시간이 필요했다.

남편이 깨어나는 것을 처음으로 본 사람은 시동생이었다. 시동생은 남편이 깨어나는 과정을 영상에 담았다.

"예수, 보혈, 구원."

"예수, 보혈, 구원."

그는 이 세 단어를 천천히, 하지만 쉬지 않고 분명하게 반복하고 있었다. 그리고 '예수, 보혈, 구원'에 맞춰 허벅지 양옆을 오른손 왼손 번갈아서 치고 있었다. 남편은 깨어나 동생을 보자마자 '예수, 보혈, 구원'을 전해야 한다고, 그 말만을 간절히 당부하듯 했다고 한다. 호흡을 돕기 위해 기도삽관 시 뚫었던 구멍 때문에 남편의 목소리는 나오지 못했다. 그 때문에 시동생은 입 모양으로 그의 말을 읽었다.

"예수, 보혈, 구원, 이것을 전해야 한다는 거지? 누군가 우리에게 알려 준 것처럼 우리도 전해야 한다는 거지?"

남편의 입 모양을 따라 이렇게 확인하자 남편은 고개를 끄덕였다. 고개를 끄덕이면서도 그의 입술은 '예수, 보혈, 구원'을 멈추지 않았다.

지난 24일 동안 그에게 어떤 일이 일어났던 걸까. 그는 왜 깨어나자마자 '예수, 보혈, 구원'을 반복해서 말한 것일까. 남편은 평소 구호를 외치며 복음 전하는 것을 좋아하지 않았다. 그래서 더더욱 그의 말이 의아했다.

사고 후 처음으로 그와 눈을 맞췄다. 생사의 고비를 넘기고 만난 순간이었기에 떨리는 마음으로 그 앞에 섰다. 하지만 나는 남편의 말을 한 마디도 알아듣지 못했다. 그토록 이 순간을 기다렸건만 그에게서 내가 처음 알아들은 말은 "가!"였다.

그 말이 서운하기보다 얼마나 반갑고 웃음이 나던지 진심으로 행복했다.

되물었다. "오빠, 나 '가'라고?" 하니 고개를 끄덕였다. "도련님 불러 줄까?" 물으니, 그렇게 하라고 했다. 남편이 눈을 뜨고 나에게 의사를 표현했다. 얼마나 감사하고 감격스러운지!

남편이 온전해지기까지 아직 갈 길이 멀었다. 하지만 그는 긴 잠에서 깨어났고, 어제보다 오늘 나에게 성큼 다가왔다.

"하나님 아버지, 제게 아내의 때를 연장시켜 주셔서 정말 감사합니다."

너무나 특별한 형제애

시동생은 미국에서 일하다 형의 소식을 들었다. 나는 미처 시동생에게 연락하는 것도 잊었다. 시부모님께만 연락을 드리고 기도 제목만 나누었을 뿐이다.

며칠 후 시동생은 멕시코로 오가는 가장 빠른 비행기를 타고 왔다. 시간이 얼마 남지 않았다는 형의 소식을 듣고 비행기에서 내내 기도했단다.

"아버지, 제가 평생 팔 한쪽이 없이 살아도 돼요. 우리 형을 꼭 만나 볼 수만 있게 해주세요. 하나님, 제가 형을 만날 수 있게 기회를 주세요. 주님!"

얼마나 간절히 기도했을까. 얼마나 두려웠을까.

병실에 누워 있는 남편의 간호를 하면서 시동생의 따뜻한 마음은 얼어붙어 있던 내 마음을 녹이기에 충분했다.

"도련님, 오랜 시간 자리를 비워서 어떡해요. 미안하고, 고맙고…."

시동생이 없이는 이 막막한 현실을 헤쳐 나갈 자신이 없어 일터로 돌아가라는 말은 차마 하지 못했다.

"형수님, 제 일이 시간에 매이는 것도 아니고 동료들이 형을 잘 아는 사람들이라 배려해 주었어요. 사람 목숨보다 일이 더 중요하다고 하는 회사라면 그만둬야죠."

참 고마웠다. 그리고 참 미안했다. 지푸라기라도 잡고 싶은 나로선 시동생이 큰 의지가 되었다. 하나님께 사람을 의지하는 것으로 보일까 조심스럽긴 했지만, 나와 같은 마음으로 남편을 위해 기도해 주는 사람이 필요했다. 하나님도 사랑하는 자녀들이 곤경에 처한 사람을 외면하지 않고 기도로 그 곁을 든든히 지켜 주는 것을 바라셨을 것이다. 시동생이, 부모님이 내겐 그런 존재였다.

시동생은 러시아 유학 중에 뇌종양 판정을 받은 적이 있다. 대학생이던 남편과 내가 교제를 시작하던 무렵이었다. 시동생은 급히 한국으로 들어왔고, 그는 동생의 소식에 나와 전화 통화를 하면서 펑펑 울었다. 그런 그를 어떻게 위로해야 할지 몰라 애만 끓였다. 시동생의 정밀검사를 위해 남편을 따라 병원까지 동행하기도 했다.

그게 벌써 15년 전쯤 일이다. 다행히 시동생은 정밀검사에서 뇌종양이 아니라는 판정을 받았다. 하지만 남편과 시부모님은 이 사건으로 인해 하나님 앞에 모든 것을 내려놓게 되었고, 정금같이 단련되었다.

당시도 형제의 우애가 참 빛난다고 생각했는데, 15년이 지난 지금도 둘의 우애는 여전히 깊었고 아름다웠다.

시동생은 6개월여 남편 곁을 지키며 그의 마음을 독려하고 응원했다. 남편은 늘 말한다.

"윤재의 마음과 사랑은 너무 깊어서 말로 다 담을 수가 없어. 깊이 감사해."

그러면 나는 말한다.

"예준이 예성이 예왕이도 아빠와 작은아빠의 깊은 우애를 물려받았으면 좋겠어. 그를 위해 기도해.'

성경 공부가 시작되다

실은 내게 하나의 과제가 있었다. 사고가 나기 전, 나는 우리 센터의 청년 자매들과 성경 공부를 함께하기로 했다. 자매들은 말씀을 깊이 봄으로써 삶에서 오는 여러 상황과 관계들을 하나님 안에서 지혜롭게 바라보고, 그의 뜻에 순종하며 살아가기를 바랐다. 나는 그들의 성경 공부를 인도하기로 한 만큼 책임감을 가지고 말씀에 순종하는 삶을 살고 싶었다.

나는 사랑의교회에서 첫 신앙생활을 했다. 초등생 때부터 대학생이 될 때까지 제자훈련을 받았고, GBS(Group Bible Study)의 리더를 맡았다. 나이가 들어 공동체를 떠났는데도 때때로 함께 성경 공부를 하고 싶다는 요청이 들어왔다. 그때마다 순종했고, 요청한 친구들보다 내가 더 깊은 은혜를 누렸다.

20대 중반 즈음이었을 것이다. 당시 어려움을 겪고 있었는데 우연치 않게 20대 초반의 자매들 4명을 만나 성경 공부를 하게 되었다. 위기 상황에서 내가 주를 떠나지 않고 도리어 이 상황을 허락하신 주의 뜻을 깊이 생각할 수 있었던 것은 때마침 성경 공부를 한 덕분이었다. 지금 돌이켜 보니 그때가 하나님과 친밀해지는 내 인생의 광야였다.

사고가 있기 20일 전 즈음 성경 공부 요청을 받았다. 성경을 나누는 즐거움을 알기에 흔쾌히 수락한 뒤 성경과 함께 볼 책의 배송을 기다리고 있었다. 그런데 사고가 났고, 자연스럽게 우리의 모임은 와해되는 듯했다.

하지만 남편이 깨어났을 때 나는 자매들을 불러 모아 이렇게 말했다.

"얘들아, 지금까지 기다려 줘서 너무 고마워. 아직 많이 불안정하지만 김윤상이 깨어났어. 우리 성경 공부에 대해서 이야기하고 싶어."

청년들은 너무 큰 사고였기에 성경 공부는 못하겠구나 마음을 접은 상태였다.

"우리 성경 공부 가운데 많은 은혜가 있을 건가 봐. 우리가 모임을 시작하려고 할 때 이 큰일이 벌어졌으니 말야. 이렇게 우리의 모임을 방해한다면 우리는 시작해야지. 주가 채우실 은혜를 기대하며 시작해야지. 주의 말씀을 깊이 알아 가려고 할 때 싫어하는 것은 누구겠어? 사탄이지. 그럼 우리는 해야지."

그랬다. 사람들이 이해하지 못할 수도 있겠지만, 김윤상에게 저리도 열심을 내시는 하나님을 위해서라도, 나는 주의 양들에게 주의 말씀을 조금이라도 먹이고 싶었다.

"언니, 저는 상황이 이래서 못한다고 말하려고 우리를 부른 줄 알았어요."

그렇게 우리의 성경 공부는 시작됐다.

관계나 상황 때문에 실망하고 내가 주인이 되어 생각하려고 할 때, 말씀은 그 모든 상황 가운데 하나님만 주인되시도록 우리를 도왔다. 나는 말씀을 가르쳤고 가르친 말씀대로 내가 살았다. 말씀은 그 캄캄한 길에서 나의 등불이 되어 앞길을 밝혀 주었고, 시린 나의 손을 녹여 주었다. 청년들은 내게서 위기 상황에서 어떻게 말씀을 신뢰하고 앞으로 나아가는지를 배운다고 했다. 청년들의 고백은 내게 큰 힘이 되었다.

우리가 성경 공부를 통해 배운 말씀은 주일 예배 설교 때 다시 말씀해 주시거나 일상에서 우리의 감정을 거스르고 말씀대로 순종했을 때 일어나는 일들을 통해 그 깊이를 더해 주었다.

'이 사건이 아내인 나에게만 주어진 사건이 아니구나.'

말씀은 실재하는 것이다. 청년들은 성경 공부를 통해 지식만 쌓은 것이 아니었다. 말씀이 삶 가운데 역사하는 능력이 있음을 리더인 내 삶을 통해 배웠다.

남편이 치료를 위해 한국에 들어갔을 때 우리의 성경 공부도 잠시 중단되었다. 하지만 멕시코로 다시 돌아왔을 때 우리 중 누구도 성경 공부를 다시 시작하는 것에 의문을 품지 않았다.

'감사하신 내 주님께 드릴 것이 너무 없어요. 당신이 사랑하는 자들에게 당신의 이야기를 들려줄게요. 그거라도 할게요. 주님.'

노래하는 여자

중환자실에 있는 간호사들과 의사들은 내가 면회 시간에 들어가면 남편에게 노래를 불러 주라고 했다. 나는 중환자실에서 '노래하는 여자'로 불리고 있었다.

면회 때마다 오빠에게 "진심 훌륭해, 정말 잘하고 있어요, 당신은 정말 강한 남자야"라며 그를 격려하고는 하루 동안 어떤 일이 있었는지, 아이들과 나는 어떻게 지내고 있는지 등 시시콜콜한 이야기를 전했다. 그런 다음 면회 시간이 종료될 때까지 찬양을 불렀다.

처음 찬양곡은 '평안을 너에게 주노라'였다. 예수 그리스도의 평안이 그에게 있기를 간절히 바랐다. 중환자가 되어 누워 있는 그를 보는 것만으로도 내 심장은 녹아내리고 오금이 저리는데, 하물며 홀로 그 엄청난 사고를 받아 냈을 그는 얼마나 두렵고 고통스러울까.

세상이 알 수 없는 평안, 살롬이 그에게 있기를 간절히 바라며 열심히 불러 주었다. 지금 겪고 있는 현실은 절대 평안할 수 없다고 해도, 세상의 상식을 뛰어넘는 예수 그리스도의 평안이 그의 안에 가득하기를 바랐다.

그다음으로 불러 준 찬양은 '임재'였다. 우리를 위해 기도하는 한국의 제부가 전해 준 찬양이었다. 제부의 첫째, 그러니까 내겐 첫 외조카가 28주 만에 태어나 마음 졸이던 순간에 받은 찬양이란다. 그의 사고가 있은 지 불과 3개월 전 이야기인데, 이미 과거가 되었고 조카는 잘 성장하고 있었다. 소식을 듣고 놀랐지만, 기도하면서 하나님의 계획 가운데 있음을 알게 되었다면서 남편에게 이 찬양을 들려주고 싶다고 했다.

그때만 해도 나는 잘 모르던 찬양이었다. 며칠 뒤, 방에서 잠깐 졸다 깼는데, 입에 맴도는 찬양이 있었다. 잠을 자는 동안 계속해서 같은 소절을 반복해서 부른 기분이었다.

"주님의 이름이, 주님의 이름만이, 오직 주님의 이름만 이곳에 있습니다."

'이 찬양이 뭐지?'

동생과 안부 전화를 하다가 자꾸 입에서 맴도는데 이 찬양인 뭔지 모르겠다고 하니까 동생도 본인이 속한 기도팀에서 형부의 기도를 하다가 받은 찬양이라고 했다. 문득 제부가 보낸 찬양이 궁금해져 다시 찾아보니, '임재'라는 찬양의 후렴구였다.

그때부터 '임재'는 우리의 주제곡이 되었다. 잠든 그에게 매일 수십 번씩 불러 줬다. 그가 깨어나기 며칠 전부터는 '승리하였네 어린양의 보혈로 우린 보혈의 능력으로 서리라'는 찬양이 입에서 흘러나왔다. 그가 깨어나면서 '예수 보혈 구원'을 외쳤을 때 이곳에서 드린 우리의 기도와 불러준 찬양과 그가 함께하고 있었구나 싶었다.

과연 예수의 보혈만이 우리의 능력이었다.

남편은 깨어나서 '평강의 왕'이라는 찬양을 듣고 싶다고 했다. 그래서 '평안을 너에게 주노라'는 찬양을 하니 인상을 찡그리며 아니란다. '평강의 왕이요, 자비의 하나님'을 불렀더니 그도 아니란다. 말하기도 힘들 텐데 마음을 척척 알아주지 못하니 얼마나 기운이 빠질까. 나보다 남편의 말을 잘 알아듣는 시동생을 보냈다.

시동생도 평안과 관련된 찬양을 불러 주었는데 다 아니라고 고개를 저어서 혹시나 하면서 '임재'를 불러 주니 그제야 남편이 맞다고 고개를 끄덕이더란다.

해외 생활을 한 지 15년이 훌쩍 넘었기에 그가 한국에서 최근에 부르는 찬양을 알 리 만무했다. 나조차 '임재'는 생소한 곡이었다. 하지만 의식이 없는 동안 그는 이 찬양을 들은 게 분명했다. 그가 눈을 감고 있던 시간은 버려진 시간이 아니었다. 하나님이 일하고 계신 시간이었다. 그 시간에도 우리는 삶을 나누고 있었고, 함께 살아가고 있었다.

'임재'를 부르며, 우리 가족은 이 시간이 진정한 예배가 되기를 기도했다.

여호와 하나님께서 하늘의 문을 여시고, 이 작고 작은 시골 병원 중환자실에 누워 있는 김윤상을 주목해 주시길 기도했다. 이곳에 임재해 주시길 기도했다.

이 침상에서 주를 향한 노래가 끊이지 않으니, 전 세계에 그를 위한 기도가 끊이지 않고 있으니, 주의 의로우신 손을 기다리는 김윤상에게 가득 임재해 주시기를 간절히 기도했다.

부서진 몸으로 수술대 위에 올라가 드리는 그의 예배를, 그가 드리는 거룩한 제사를 오직 여호와 하나님만 받아 주시기를 간구했다.

김윤상과 우리 모두의 이름은 광야에서 외치는 소리처럼

공중에 흩어지고 사라지되, 오직 주의 이름만 이곳에 가득하기를 바랐다.

끝없이 잘 것 같던 남편은 깨어나 "예수, 보혈, 구원"을 입으로 되뇌였고 '평강의 왕'이신 예수 그리스도를 찾았다.

나와 함께하자

물 마시는 것도 힘들어 거부하던 남편은 "윤상아, 먹어야 산다"는 아버지의 말씀을 듣고 액체류를 삼키기 시작했다. 그가 깨어나 가장 먼저 원한 음식은 사과주스였다. 마음 같아선 가장 좋은 사과를 골라 갈아 주고 싶었지만, 건더기 있는 것을 삼키기 어려웠기에 시판되는 사과주스를 사다 주었다. 두 모금을 마신 것만도 대견하고 기뻤다.

남편은 자가호흡 훈련을 위해 산소호흡기를 몇 초씩 뺐다가 끼는 훈련을 반복했다. 하지만 이 훈련이 힘에 겨웠는지 죽을 것 같다고 시동생에게 호소했다.

"형, 죽을 거 같은 것이 맞고, 잘하고 있는 거야. 이 과정을 지나야 더 건강해진대."

시동생이 설명하자 남편은 그때부터 밤새 연습을 했다. 열심히 노력하는 김윤상도, 쉬지 않고 일하시는 하나님의 성실하심도 열방에서 기도해 주시는 한 분 한 분의 기도도 너무 감사했다. 하나님이 기뻐하시는 하모니란 이런 것이겠구나 했다.

우리는 워낙 많은 출혈이 있던 터라 그의 뇌에 산소 공급이 원활하지 못할 수도 있고, 뇌에 문제가 생길 수도 있다는 것을 배제하지 않을 수 없었다.

의사들이 깨어난 김윤상 침대에 모여 뇌 검사를 함께 진행했다. 시골 병원이었기에 장비를 이용한 것은 아니고, 15개의 문제를 내서 점수를 매기는 식이었다. 그런데 15점 만점에 15점을 받았다. 질문은 생일이나 가족과 같은 기본적인 질문이었는데 의사들은 남편이 대답을 매우 잘했다며 더없이 기뻐했다. 서로 대화를 주고받을 수 있는 남편으로 내게 다시 와 주어 얼마나 감사한지….

하지만 이제부터 남편과 내가 함께 직면해야 할 일이 시작됐다. 남편은 자신의 몸 상태가 어떤지 차츰 이해하기 시작했고 그 사실을 받아들여야 했다. 나는 아내로서 그의 손을 잡고 우리 앞에 닥친 현실을 헤쳐 나가야 했다.

어려움이 있다는 것은 우리가 살아 있기 때문에 주어지는 감정이었다. 고민이 된다는 것은 우리가 살아 있기에 주어지는 것이었다. 그랬다. 이만큼 그가 우리 가족 곁으로 성큼 들어온 것이다.

일반 병동으로

깨어난 지 5일쯤 지났을까. 남편은 중환자실이 많이 갑갑하다 했다. 향을 피운 것처럼 연기가 가득해 숨쉬기가 힘들다고 했다. 사고 당시 안전벨트의 강한 압박으로 폐에 멍이 심하게 들었다. 그래서 자가호흡도 힘든 상황이고, 멍도 자연스럽게 빠져야 하니 기다리는 수밖에 없었다. 그렇게 숨을 마음껏 쉬지 못하니 얼마나 답답하고 지치겠는가.

의사에게 부탁해 조그만 선풍기를 받았다. 침대 위 간이식탁 위에 소형 선풍기를 설치하고 틀었다. 그것만으로도 숨 쉬는 데 도움이 되는 모양이었다. 11월이었지만 잘 때 빼고는 온종일 선풍기를 틀었다.

그러던 어느 날, 의사가 일반 병동으로 옮기겠다고 했다. 남편은 단 1분이라도 빨리 중환자실에서 나가고 싶어 했다.

밤 11시 30분이 넘어서 일반 병동으로 그의 침대를 옮겼다.

중환자실에서는 정해진 시간에만 면회할 수 있는데, 일반 병동으로 옮기니 편하게 드나들 수 있어 감사했고, 그의 얼굴을 자주 볼 수 있어 감사했다. 병원에서 가장 위중한 환자였던 김윤상은 살아서 중환자실에서 나왔고, 일반 병동으로 옮겨졌다.

일반 병실로 옮겼다고 그의 생사를 오가는 여정이 끝난 것은 아니었다. 여전히 다리 수술이 남아 있었고, 장 수술을 위해 개복한 곳에서 염증이 생겨 소독을 해야 했다.

하지만 그의 눈에 내 눈을 맞출 수 있고, 그와 대화를 나눌 수 있다. 그것으로 충분했다.

2인실인 우리 병실의 문은 항상 열려 있었다. 남편의 침대는 문 쪽에 있었는데 의사와 간호사들이 지나가면서 인사를 건넸다. 3주 넘게 병원에서 살다 보니 모두에게 익숙한 인물이 된 것이다.

하루는 낯모르는 멕시칸이 병실에 들어오더니 자신이 목사라고 소개했다.

"지나는 길에 당신을 보았는데, 하나님께서 당신을 위해 기도하라고 했습니다."

그는 기도해 주면 안 되겠냐고 했고, 한 마디의 기도가 소중한 우리로선 마다할 이유가 없었다. 목사님은 침대 발치에서서 손을 들고 그를 위해 기도했다. 남편의 쾌유와 그를 통해 하나님이 하실 일들을 열거하는 기도였다.

우리 주님은 순간순간 당신의 사람들을 보내 우리를 격려하셨고, 힘겨운 싸움을 묵묵히 해 나가는 김윤상을 응원하셨다. 생명으로 나아가는 길이 결코 쉽지 않았지만, 우리 주님은 걷게 하셨고, 함께 걸어 주셨다.

그는 우리와 함께 있다

그날은 28일 정도 미뤄 온 CT 촬영을 하는 날이었다. 사고 당일부터 CT 촬영을 해야 했지만, 병원에는 CT 시설이 없어서 앰뷸런스를 타고 두 블록 떨어진 병원까지 가야 했다. 하지만 남편은 중환자실을 벗어나 복도를 나서는 것조차 위험한 상태였다. 그렇게 한없이 미뤄진 CT촬영을 드디어 하게 되었다.

답답한 병원을 벗어나 잠깐의 외출이 허용되니 그는 적이 반가워하는 눈치였다. 왕복 10분도 안 되게 차를 탔으니 대략 40분간의 외출이었다.

남편이 잠든 동안 병원에서는 링거를 통해 그에게 식사를 공급했다. 24일 만에 그의 몸무게는 84kg에서 60kg 남짓으로 가벼워졌다. 이렇게 약해지고 부서진 몸이었지만, 남편은 자신의 몸 상태를 순간순간 잊어버려서 생각처럼 몸이 움직이지 않는 걸 받아들이기 힘들어 했다. 앰뷸런스를 타고 누워서 고작 40여 분 외출한 것도 남편의 체력으론 감당할 수 없었다. 이 현실을 그는 이해할 수 없었다.

우리는 이미 30일 남짓 동안 남편의 부서진 몸을 받아들였고 적응한 상태였지만, 남편은 깨어난 지 고작 3~4일밖에 안 되었다. 매 순간 당황스럽고 불편한 게 당연했다.

남편은 이 외출을 통해 그가 직면한 현실이 어떠한지를 깨달은 듯했다.

조각난 뼈를 맞춰야 하는 다리 수술은 좋은 장비들이 필요했기에 그가 깨어나기 전부터 한국에 가서 수술하는 것이 좋겠다고 우리끼리 의논하고 있었다. 시골 국립병원의 수술실은 암환자도 수술하고, 교통사고 환자도 수술하고, 아이도 낳기 때문에 위생적으로 미덥지 못했다. 뼈의 감염을 최대한 줄이기 위해서는 정형외과 수술만 하는 수술실을 이용하는 것이 필요했다. 이런저런 상황을 고려하면 한국으로 들어가는 것이 좋았다.

"형, 다리 수술을 해야 하는데, 한국에서 할까? 여기에서 할까?"

시동생이 그에게 조심스럽게 물었다. 이곳 정형외과 담당의는 자신 있어 했지만, 목숨이 경각에 달린 수술도 아닌 다리 수술만큼은 그가 깨어난 뒤 그의 선택에 맡기자고 가족끼리 합의를 본 상태였다.

남편은 당장에 한국에 가자 하지 않고 정형외과 의사를 만나 보고 나서 결정하겠다고 했다. 병원의 열악한 환경이 눈에 들어오지 않았을 리 없는데도 그는 정형외과 의사를 만난 뒤 한국에 가지 않고 이곳에서 수술을 받겠다고 말했다. 아마도 얼마 전의 외출 이후 자신의 몸 상태로는 한국까지 가는 것이 힘들 거라고 판단했기 때문일 것이다.

"CT 촬영을 하러 나가는 것도 맥박수가 심하게 떨어지고 어지럽고 힘들었는데 어떻게 한국까지 가겠어."

나중에 남편이 한 말이었다.

뼈 조각을 찾으며 수술하려면 수술과 동시에 엑스레이 촬영을 하면서 다리 수술을 해야 했다. 하지만 이곳에선 휴대용 엑스레이를 병실로 가져와 침대 위에서 찍은 다리 사진 2장만 가지고 수술실로 들어갔다. 나는 어쩐지 미덥지 않아 불안했지만 하나님은 그렇게 하기를 원하신 것 같았다.

'그래. 한국도 예전에는 엑스레이 사진 몇 장만 걸고 조각난 다리 수술을 했을 거야. 언제부터 장비에 의지했다고. 수술할 수 있도록 견디어 준 것만으로도 너무 감사한 일이지.'

아쉬운 마음을 스스로 다독였다.

그가 의사 표현을 하고 어떤 결정을 내릴 수 있다는 사실만으로도 충분히 감사한 일이었다. 그러면서 몸을 꼼지락거릴 때마다 생각대로 되지 않는 자신의 현실을 인정하기까지 힘들었을 남편이 안쓰러웠다. 하지만 남편은 마음의 동요를 드러내지 않은 채 하루하루 생명으로 나아가려고 안간힘을 쓰고 있었다. 대개 이런 상황에 처하면 현실을 부정하고 싶어서 질문을 쏟아 내는데 그는 이 상황을 좀 더 이해하고 받아들이기 위해 질문을 했다. 의사들은 그런 그를 보며 "정신력이 매우 강하다"고 말했다. 잠든 상황에서도 눈을 뜬 지금도 그는 여전히 강인한 사람이었다.

마침내 사고 난 지 한 달여 만에 남편이 다리 수술을 위해 수술실로 들어갔다. 깨어나고 나서 처음으로 받는 수술이었다.

의식이 돌아오기 전 수술실로 들어갈 때면, 의식 없는 사람을 괴롭히는 것 같아 마음이 녹아내렸는데, 이제 갓 눈을 뜬 사람이 수술실에 들어간다고 하니 그 두려움과 고통을 홀로 받아 낼 남편이 안타까워 마음이 옥죄었다. 뼈를 건드리는 수술은 통증이 극심하다고 들었기에 더 그랬다.

잠시 후 수술이 끝나고 회복실에 누워 있는 그를 보러 갔다. 부모님과 내가 한층 반가운 목소리로 그를 불렀다. 하지만 그의 얼굴은 고통으로 잔뜩 일그러져 있었다. 마취가 풀리면서 통증이 밀려들고 있는 모양이었다. 지금 생각하니, 남편은 당시 자신은 몹시 고통스러운데 멋모르고 웃는 우리를 이해할 수 없었을 것이다. 우리로선 의식도 없이 퉁퉁 부어 누워 있던 그를 수술이 끝나자마자 이렇게 두 눈 맞추고 이야기할 수 있다는 사실에 마냥 기뻤을 뿐이었지만 말이다.

그는 지금 내 곁에, 우리 곁에 살아 있는 것이다.

넌 장군감이다

나는 밤이면 돌아와 센터에서 아이들과 함께 잠을 잤다. 시동생의 배려 덕분이었다.

그런데 그날 밤은 남편이 내가 병실을 지켜 줬으면 하는 눈치였다. 그러고 보니 사고가 난 뒤 우리는 단둘이 얘기를 나눌 시간이 없었다. 그럴 정신도 여건도 안 되었기 때문이다.

"오빠, 오늘 밤에는 내가 있을까?"

보통의 김윤상이었으면 동생과 있을 테니 아이들에게 가 보라고 했을 텐데, "네가 있으면 좋지" 했다. 동생이 여러모로 더 편할 텐데도 그날만큼은 내가 남아 있기를 원했다.

눈뜨자마자 내게 “가!”라고 했던 그였다. 남편이 나를 찾는 게 당연한데도 이 당연한 일이 그렇게 고마울 수가 없었다.

이곳 병원에는 환자 침대 옆에 보호자 간이침대가 없다. 한국에서는 당연한 것이 여기선 당연한 게 아니었다. 우리는 2인실이었기에 옆 환자의 보호자 침대까지 간이침대 두 개를 사서 병원에 갔다. 하지만 병원이 다른 보호자들과 형평성에 어긋난다고 해서 결국 간이침대를 놓을 수 없었다.

‘다른 보호자들도 타일 바닥에 눕거나 병원 앞에서 텐트를 치고 바닥에 누워 있지.’

병원의 조치는 수긍할 만했다. 실은 아무래도 감사했다. 그가 살아 있고, 그와 함께할 수 있다는 것만으로도 내게는 말할 수 없는 감동이었다.

아버지는 걱정이 되었는지 상자도 구해 주고 커다란 비닐과 담요도 사 주셨다. 신기한 것은 깔고 자야 할 담요와 박스, 비닐을 병원 앞 약국에서 모두 팔았다는 것이다. 나름대로 장사가 되는 모양이었다. 상자 위에 비닐을 깔고 담요를 깔고, 집에서 가져온 두꺼운 솜 패딩을 깔았다. 그리고 쿠션을 베니 딱이었다.

멕시코의 내 이웃들은 아픈 가족을 돌보기 위해 이렇게 타일 바닥에 종이 상자를 깔고 잠을 청하는 것이 당연했다. 한국에 있었으면 절대 경험하지 못했을 일이었다.

그날 밤, 그는 말했다.

"너는 남자로 태어났으면 장군감이야."

'누가 나를 장군으로 만들었는데.'

본의 아니게 장군이 되어 버린 나는 웃음이 나왔다.

'어릴 때부터 나의 소망은 여리여리한 여자였는데…. 하긴 장군이든 여자든 어떠한가.'

나는 그저 감사했다.

'내가 장군일 수 있는 것은 나의 대장님이 하나님이시기 때문이지.'

그는 새벽에 문득 질문을 했다.

"24일 동안 남편이 깨어나지 않았는데, 두렵지 않았어?"

그는 이제 나의 24일이 궁금해진 모양이다.

"두려움에 내 마음을 절대 허락해 줄 수 없었어. 나는 단지 이 일의 주인이 하나님이심을 선포했고, 선하신 하나님께서 우리에게 허락하신 이 상황을 감사하는 것만이 힘들게 우리에게 오고 있는 당신과 동역할 수 있는, 내가 할 수 있는 가장 적극적인 방법이라고 생각했어."

왜 두렵지 않았겠는가.

하지만 이 사건의 주인은 하나님이시기에, 그에게, 나에게,

우리 아이들에게, 가족들에게 가장 선한 것을 주시는 하나님이시기에 모든 상황에 감사했다. 이건 근거 없는 감사가 아니었다. 하나님은 이미 예수 그리스도를 우리에게 허락하신 분이었다. 예수 그리스도가 하나님의 성품에 친히 증인이 되어 주셨다.

감사로 주께 맡기니 상황이 주는 두려움을 압도하는 주의 평안이 내 깊은 곳에서부터 차올라 온 맘과 온몸을 흥건히 적셨다.

처음으로 그에게 나의 이야기를 했다. 그리고 열방의 많은 사람들이 이 작고 작은 침대에 누운 당신을 위해 우리와 같은 마음으로 간절히 주의 보좌 앞에 엎드려 있다고 전했다.

우리가 무엇이관대 감히 기도를 받게 하시고 하나님께 기도를 올리게 하시는지, 또 그 크신 하나님이 우리의 기도를 귀담아 들어 주시고, 우리 기도를 기쁘게 흠향하시는지, 이 말도 안 되는 은혜를 어찌 헤아릴 수 있겠는가. 단지 은혜라고밖에 설명되지 않았다.

"고맙고, 미안하다"는 그에게 몸이 부서진 아픔을 딛고, 부정적인 의사들의 소견을 딛고, 내 곁에 다시 와 줘서 내가 더 많이 고맙다고 했다.

그렇게 밤이 맞도록 우리 못다 한 이야기를 드문드문 나누었다. 몸이 많이 힘들고 괴로울 텐데 잘 견디고 있는 그가, 절망적인 상황에서 부정적인 말을 뱉지 않고 감사로 이 시간을 채워 가는 그가 고마웠다.

"당신은 정말 강한 사람이야. 단단한 당신으로 성장시켜 주신 하나님과 부모님께 정말 감사해."

I was so happy

그가 눈을 뜨고 중환자실에서 일반 병실로 옮기면서, 시동생은 그를 위한 응원을 준비했다.

"형수님, 형을 위해 기도해 주신 분들의 격려 메시지를 영상으로 받아 두면 좋을 것 같아요. 형이 그 메시지들을 보면 더욱 힘이 날 것 같아요."

시동생의 따뜻한 배려와 마음은 늘 내게 감동을 주었다. 그때부터 나는 SNS를 통해 '김윤상에게 보내는 응원의 영상 받기'를 시작했다.

세계 곳곳에서 생각지도 못한 메시지들이 도착했다. 거기에는 남편의 스승들이 보낸 메시지도 있었다. 고난의 시간을 지나고 있는 제자를 위해 그들은 마음을 다해 응원했다. 제자들을 지식만이 아닌 마음으로 가르치는 분들임에 분명했다.

그에게 도착한 영상 중 어느 하나 소중하지 않은 것이 없지만, 지금은 하나님 곁으로 가신 고(故) 김영길 한동대학 총장님의 메시지를 잊을 수가 없다. 김영길 총장님은 감색 슈트에 자줏빛 넥타이를 매고 있었다. 암투병 중이라 병원에 입원해 계셨는데 남편을 위한 영상을 찍기 위해 굳이 옷을 갈아입으신 것이다.

"윤상이 보고 싶다. 네가 완치되고 있다는 소식을 듣고 'I was so happy'. 윤상이가 그 전보다 더 강건하고, 더 건강해져서 하나님이 주신 계획을 이루는 귀한 한동인이 되기를 남은 기간 동안에도 기도하겠다. 지난번에 네 소식을 듣고 잠도 못 자고 얼마나 고민했는지 모른다. 하지만 하나님께서 은혜를 베푸셔서 기적적으로 살려 주신 것은 앞으로 더 크게 사용하실 것임을 분명히 믿고 기도한다. 'I love you, 윤상이. God loves you, 윤상이.' Thank you very much."

고 김영길 총장님은 내게는 또 한 분의 시아버지시다. 한동의 며느리가 되었다며 시아버지처럼 기뻐하며 환영해 주시던 모습이 아직도 눈에 선하다. 우리의 결혼 주례 때 "I love you! God loves you!"를 외치시던 분, 남편의 사고 소식을 듣고 암투

병 중에도 잠을 설치면서까지 남편을 염려하시던 분이다. 이보다 더 큰 불효가 있으랴. 가슴 시리도록 죄송하고 또 감사했다.

그는 병환 중에 사랑하는 친딸을 암으로 먼저 보내셨다. 딸을 잃은 황망함 속에서도 여호와 하나님에 대한 원망이 없으셨다. 오히려 하나님을 강력히 붙잡고 걸으셨다. 당신도 아픈 몸이었지만 남편의 사고 소식을 듣고 무너진 가슴으로 하나님 앞에 무릎을 꿇으셨다.

"가지 많은 나무에 바람 잘 날 없다"는 속담처럼, 총장님에게는 수많은 제자들이 있었고 그런 만큼 크고 작은 소식을 접해야 했을 것이다. 때로 어렵고, 어둡고, 힘든 소식을 들었을 테고 때로 어리석은 선택으로 잘못된 길을 걷는 제자의 소식도 들었을 것이다. 그때마다 무릎을 꿇었을 기도의 아버지. 그는 제자들이 주권자 되신 하나님 안에서 잘 견뎌서 정금과 같이 나아와 더욱 견고히 하나님의 자녀로 설 것을 기대하며 기도하시는 분이었다.

이것만은 꼭 기억해야 해

남편은 중환자실에서 나오긴 했으나 아직 죽음에서 멀어진 것은 아니었다.

다리 수술 후, 혈전을 막기 위해 혈전 용해제를 먹기 시작했다. 한국인들은 잘 안 생기는 혈전이 멕시칸들에겐 잘 생겼다. 멕시칸들의 수혈을 받은 만큼 남편은 먹어야 했다. 그런데 용해제 때문인지 장루로 피가 차기 시작했다. 하루에 1리터씩 또는 500ml씩 옆구리에 단 장루에 피가 한가득 찼다.

혹시 장 절제술을 한 곳에서 피가 나오는가 싶어 혈전 용해제 투약을 중지했지만, 피가 멈추지 않았다. 병원에서는 이유를 찾지 못했다. 우리 몸 중 가장 빨리 상처가 아물고 회복되는 곳이 장이어서 통상 장 수술 후 3일이면 아물었다. 그런데 조금도 아니고 하루에 1리터씩 피를 쏟으니, 그가 깨어나서 처음으로 느끼는 죽음의 공포가 엄습했다.

"아이들이 보고 싶어."

얼마나 보고 싶었을까. 꾹꾹 참아 오던 말을 꺼낸 듯했다. 나중에 들은 것이지만, 당시 지금이 마지막일 수도 있겠다는 생각이 들어 아이들을 보고자 했다고 한다. 이럴 줄 알았으면 한 번 더 안아 주고 한 번 더 사랑한다고 말해 주고 한 번 더 눈도 맞춰 줄 것을, 하고 통탄했다고 했다. 비즈니스가 뭐라고, 꿈이 뭐라고, 호강시키는 게 뭐라고, 지금이 아닌 내일을 위해 그토록 열심히 살았을까 해서 마음이 저미는 것 같았다고 했다.

병원 측에 물어보니, 위중한 환자들만 있다 보니 아이들의 출입을 제한한다고 했다. 하지만 남편의 경우 한 치 앞을 예측할 수 없는 상황이니 큰아들 예준이만 허용해 주겠다고 했다. 대신 마스크를 2개 하라고 했다.

예준이는 사고 후 처음으로 아빠를 만나러 병실에 들어섰다. 84kg의 건장하던 아빠의 모습은 온데간데없고, 60kg 남짓의 앙상한 몸에 환자복을 입은 아빠를 보고 예준이는 황급히 고개를 돌렸다. 저도 모르게 흐르는 눈물을 훔치고는 더 이상

울지 않으려고 얼굴이 빨개졌다.

"아빠, 괜찮으세요?"

"응, 아빠 많이 괜찮아졌어."

"예준아, 그동안 엄마 말씀 잘 듣고 있었다고 들었어. 우리 예준이 많이 컸다. 정말 잘 있어 줘서 고마워. 아빠가 진짜 예준이를 많이 사랑해. 아빠가 사랑하는 거 알지?"

"네, 아빠. 저도 아빠를 많이 사랑해요."

예준이는 다시 고개를 돌리고 눈물을 훔쳤다.

"예준아, 오늘은 아빠가 정말 중요한 이야기를 하려고 불렀어."

남편은 예준이의 눈을 찬찬히 들여다보며 말했다.

"예준아, 세상을 이길 힘이 있어. 그것은 '예수' '보혈'이야. 이것을 잊으면 안 돼. 살아가면서 다른 것은 다 잊어도 이것만은 꼭 기억해야 해. 세상을 이기는 힘, 그 힘이 뭐라고?"

"예수, 보혈이요."

"그래, '예수' '보혈'을 동생들에게도 꼭 가르쳐 줘야 해. 아빠가 정말 많이 사랑해, 예준아."

그렇게 예준이는 아빠를 꼭 안아 드리고 센터로 돌아갔다. 나중에 들은 이야기지만, 그는 유언으로 예준이에게 그 말을 남긴 것이었다.

며칠이 지나도 출혈이 계속되자, 남편은 마음의 준비를 하고 있었고 의사들과 가족들은 멕시코시티의 종합병원으로 옮기자고 했다. 여기서는 원인을 찾는다 해도 해결할 방법이 없을 테니 이참에 큰 병원으로 옮기자는 것이었다. 사고가 난 지 40일 남짓 무렵이었다.

그즈음 남편은 가족 사진을 찍고 싶어 했다. 병원의 허락을 받고 세 아이 모두 병원을 방문하게 되었다. 에어 앰뷸런스를 타기 전 병원 측의 배려였다. 한 달 이상을 이곳에서 살았으니, 간호사들과 의사들은 어느새 우리의 가족이 되어 있었다.

아빠를 보러 온 삼형제는 각자 나이에 맞게 아빠의 아픔을 받아들였다. 예준이는 여전히 고개를 돌려 눈물을 닦았고, 둘째 예성이는 아빠를 뚫어져라 바라보면서 안 그래도 그렁그렁한 눈망울로 눈물을 쏟아 내고 있었다. 막둥이 예왕이는 의자를 딛고 올라가 아빠의 얼굴을 가까이 들여다보고는 "아빠 아파요? 많이 아파요?" 하며 그 조막만 한 손으로 아빠를 쓰다듬었다.

그런 아이들에게 남편은 자신이 예준이를, 예성이를, 예왕이를 얼마나 사랑하는지, 자랑스러워하는지 말해 주었다. 그리고 마음에 평생 새기라며 다시금 '예수, 보혈'을 전했다.

그날 우리는 마지막이 될지도 모를 가족 사진을 담았다.

너의 아버지는 하나님이야

우리의 애타는 심정은 아랑곳하지 않고 피가 멈출 줄 몰랐다. 빈혈이 심한 상태에서 하루에 피를 1리터씩 쏟으니, 다들 내색하지는 않았지만 근심이 깊었다. 다시 혈압이 떨어지기 시작했고, 가족도 그도 좋은 상황이 아님을 감지했다.

아이들이 아빠를 만나고 돌아간 뒤, 어머니는 아들에게 다시 복음을 전하셨다.

"윤상아, 오늘 밤 죽으면, 윤상이는 천국에 갈 수 있니?"

부드럽고 따뜻하게 물어보시는 어머니의 눈을 바라보며 남편이 대답했다. 예수 그리스도로 인하여, 예수 그리스도의 보혈로 인하여, 내가 구원을 받았음을, 나의 죄 때문에 예수 그리스도가 십자가에 달려 돌아가셨음을, 그리고 하나님께서 말씀하신 대로 그는 3일 후에 부활하셨음을, 그 예수님이 지금도 나와 같이 살아 계심을 고백했다.

생사를 오가는 그 순간에 아들에게 가장 필요한 분이 '예수 그리스도'임을 잘 아시는 어머니는 아들의 손을 잡고 예수 그리스도를 다시금 그의 품에 꼭 안겨 주셨다.

아내인 나도 그가 맞이할 생의 마지막을 함께할 수 없었다. 오직 생명이신 예수 그리스도만이 그와 동행하시고, 그를 받으실 것이다.

죽음의 그림자가 쉽사리 물러서지 않고 있는 아들에게 복음을 전하는 어미의 심정은 어떠할까. 나는 상상조차 되지 않았다.

물론 남편이 의식을 찾지 못한 때에도 아버지 어머니는 보호자들과 환자들에게 복음을 전하셨다. 이를 지켜보신 하나님 아버지의 마음은 어떠했을까.

아버지는 죽음의 그림자가 드리운 아들에게 말씀하셨다.

"이제는 내가 너의 아버지가 아니야. 여호와 하나님이 너의 친아버지 되시는 거야. 윤상아, 꼭 예수 그리스도를 붙잡으렴. 놓치지 말고 꼭 붙잡으렴."

한겨울에 먼 길 떠나는 아들의 옷을 단단히 여며 주듯, 아버지는 당부하고 또 당부하셨다. 아무리 목숨보다 소중한 아들이라지만, 꺼져 가는 생명까지는 어떻게 해볼 재간이 없는 부모의 마음은 과연 어떤 것일까. 아버지는 어떤 마음으로 마지막일지도 모를 아들에게 신신당부하신 걸까. 나는 그 마음을 도무지 알 수가 없다.

그날 밤 10시 30분쯤 되었을까. 나는 그에게 필요한 약을 사러 약국에 다녀오는 길이었다. 그의 병실 앞에서 기다리고 있던 의사가 나를 사무실 쪽으로 데려갔다. 거기엔 이미 아버지와 어머니, 시동생이 있었다.

"민경아, 윤상이 지금 수혈 중이야. 거부 반응이 많이 일어나서 AB형의 1번 타입밖에 안 되는데, 병원에는 A형과 B형밖에 없어. 그래서 내가 어떠한 일이 일어나도 책임을 지겠다는 사인을 하고 지금 수혈 중이야. 혈압이 너무 떨어져서 AB형이 도착할 때까지 기다릴 수가 없다고 해서. 기도하자."

가족이 있으면 마음의 평정을 잃을지도 모르니 수혈하는 동안 의사가 그의 곁에서 이야기도 나누며 지켜 주겠다고 했다. 너무도 감사하게 아무런 거부 반응 없이 수혈이 되었다. 병실 문을 열고 들어갔더니 의사들이 그의 손을 잡고 이런저런 이야기를 해주고 있었다. 창백하던 그의 얼굴에 혈색이 좀 돌아왔고, 혈압이 아직 낮긴 하지만 정상 범위 안에 들어와 있었다.

남편은 "이제 다시는 정말로 너를 볼 수 없겠구나 생각했다"며 나를 보자 울먹였다. 나의 주님은 사망의 음침한 골짜기에서 '넌 잘할 수 있다'며 '건너오라'고 손짓만 하는 분이 아니었다. 우리의 선한 목자는 우리를 업고 사망의 음침한 골짜기를 함께 건너 주셨다.

내일이면 남편은 에어 앰뷸런스를 타고 멕시코시티 병원으로 이송될 것이다. 그 전에 새벽에 도착한다는 AB형 수혈을 받아야 할 것이다.

주의 옷자락만 붙잡고

병실에서 수술실로 가는 것조차 생명을 거는 일이었던 남편을 어떻게 헬기에 태워 병원을 옮길 것인가. 하지만 남편은 이 모든 난관을 뚫고 사고가 난 지 47일 만에 에어 앰뷸런스에 실려 멕시코시티 병원으로 옮겨졌다. 알 수 없는 출혈이 계속되었지만, 그럼에도 남편은 에어 앰뷸런스를 탈 만큼 회복되고 있었다.

에어 앰뷸런스는 시동생과 이 선교사님이 함께 탑승하는 것으로 했다.

"형이 너의 생일 선물로 에어 앰뷸런스 태워 줄게."

다음 날이 시동생 생일이라서 남편이 한 말이다. 이 상황에서 이런 농담을 하는 것을 보니 그는 분명 생명을 향한 걸음을 내딛고 있었다. 의식이 없을 때도 그랬지만 지금도 남편은 여전히 생명을 향해 성큼성큼 걸음을 옮기고 있었다. 감사했다.

에어 앰뷸런스를 타던 날, 이른 아침부터 과테말라에서 믿음의 친구들이 도착했다. 남편의 병원 이송을 보기 위해 9시간을 달려온 것이다. 그런 그들에게 남편은 한 사람씩 이름을 불러 가며 예수 그리스도를 전했다. 믿음의 친구들이지만, 이 만남이 마지막일 수도 있기에 그는 절박한 심정으로 그들이 진실로 예수 그리스도를 영접했는지 확인하고 싶어 했다.

나중에 남편은 이렇게 말했다.

"오늘이 마지막이면 어떡해. 다시는 못 돌아올 수도 있는 거잖아. 아니 어쩌면 못 돌아오는 거였는데 많은 분들의 간절한 기도 덕에 지금이 허락된 것일 수도 있어."

예수 그리스도를 만나고 온 그는 진짜를 알았기에, 오직 예수 그리스도의 시선만이 중요했다.

그는 앰뷸런스로, 친구들과 부모님과 나는 차로 3시간을 달려 공항에 도착했다. 공항까지 가는 길이 매끄럽지 않을 때면 남편의 안위를 걱정했다.

어머니는 아픈 형을 자기 몸처럼 살피는 작은아들과 잘 이겨 내고 있는 큰아들 둘 다 에어 앰뷸런스에 태우면서 애처로웠는지 이렇게 말씀하셨다.

"민경아, 이럴 줄 알았으면 하나 더 낳을걸 그랬다."

"어머니, 저는 하나 더 있어요."

덕분에 어머니와 나는 모처럼 웃을 수 있었다. 하지만 우리에겐 고통을 이겨 내는 남편과 아픈 형의 곁을 지키는 시동생 둘로도 충분했다. 너무나 충분했다.

남편은 침대에 실려 에어 앰뷸런스에 들어가면서 힘껏 손을 들어 보였다. 그 모습에 울컥했다. 그리고 꿈만 같던 47일이 파노라마처럼 그려졌다. 그 47일 동안 우리는 하나님의 옷자락만 붙잡고 걸었다. 한마음으로 범사에 감사하며 걸었다. 영원히 끝날 것 같지 않던 그 고통의 47일 동안 우리는 주님의 손을 붙잡고 길을 걸었다.

이 길은 하나님이 허락하신 길이었다. 그렇기에 우리는 참으로 버겁지만 매 순간 하나님 우리 아버지의 사랑을 누릴 수 있었다. 부서진 아들의 모습을 보면서 우리 하나님 아버지는 얼마나 마음이 아팠을까. 하나님 아버지도 그 고통의 시간을 지나오셨다.

나는 우리의 영혼이 주 안에서 잘됨과 같이 우리의 육신도 잘되기를 기도했다.

-

사랑하는 김윤상이 에어 앰뷸런스를 타고 멕시코시티로 떠났습니다.

멀리서 손을 들어 보이며 에어 앰뷸런스에 오르는 김윤상을 보면서 울컥했습니다.

꿈같은 47일이 어떻게 지났는지 모르겠습니다. 그래도 내 하나님이 주인되어 주셔서 아버지 옷자락만 붙잡고 걸었습니다. 그 옷자락에 숨기도 하며 그렇게 걸었습니다.

앞으로의 일정도 주의 허락하심 아래 우리 가족이 한 마음으로 범사에 감사하며 우리의 영혼이 잘됨과 같이 우리의 육에 속한 모든 부분도 잘되길 기도합니다.

멕시코시티 소식도 계속 올릴 테니 기도로 지금처럼 함께 서 주세요.

정말 감사합니다.

2018년 12월 7일

#안녕우리곧만나

하늘 아버지는 한 사람의 믿음의 백 보도 기뻐하시지만, 우리가 함께 믿음의 거대한 한 걸음을 떼는 것에 진심으로 기뻐하시는 분이다.

#환대

한국으로 옮기심

멕시코시티 사립종합병원(angeles)으로 옮긴 뒤 남편은 48일 만에 휠체어에 앉았다. 하지만 심박수가 빨라졌고 고통이 극심했다. 그럼에도 그는 세상으로 나오기 위해 최선을 다하고 있었다. 나는 앉고 서는 것도 감사인 것을 그제야 깨달았다. 지금이라도 깨닫게 하시니 하나님께 감사했다.

5일간 검사가 진행되었지만, 시골 병원처럼 별다른 원인을 발견하지 못했다. 병원에선 멈추지 않는 장 출혈의 원인을 알기 위해 배를 개복하자고 했다. 처음엔 캡슐 카메라를 삼키고 촬영해 보는 것도 이야기했으나, 동그란 원형의 반은 카메라이고 반은 메모리이기 때문에 출혈 부위를 지날 때 메모리 쪽으로 지나게 되면 출혈 원인을 찾지 못할 수 있다면서 개복을 하자는 것이었다.

하지만 이미 개복 수술을 3번이나 한 터라 다시금 배를 연다는 것이 너무나 부담스러웠다. 더구나 보험이 되지 않는 하루 입원비 200만 원도 부담스러웠다.

남편은 동생과 이 선교사님과 의논한 끝에 한국으로 귀국하는 것을 고려했다. 멕시코시티에 도착한 지 5일이 지나면서 이런 생각을 하게 된 것이다.

처음 이 소식을 접한 것은 메신저의 가족창에서였다. 무슨 일이 일어났기에 도착한 지 며칠도 안 되어 한국행을 결심한 것인지 심장이 쿵 내려앉았다.

"윤재와 하나님의 뜻을 알려 달라고 기도했어."

남편은 하나님의 뜻을 구하는 중에 현지 담당 의사로부터 한국에 가서 원인을 찾는 것이 좋겠다는 이야기를 들었단다. 남편의 말을 듣고 나니 조금 안심이 되었다.

하지만 장 출혈이 멈추지 않은 상태로 비행기를 타는 게 걱정이었다. 그럼에도 남편은 여기서 개복을 하는 것도 죽음을 각오하는 일이니 차라리 한국에 가자고 마음을 먹었다.

고작 하루를 남겨 놓고 한국행 비행기 티켓을 끊었다. 그 하룻동안 복잡한 서류를 다 준비해야 했다. 한국도 아닌 멕시코에서 그 많은 서류를 준비할 수 있었던 것은 하나님의 인도하심이 아니고는 설명이 되지 않는 일이었다.

떠나기 전날, 사고 후 처음으로 볼펜을 잡은 그는 내게 메시지를 남겼다.

그는 볼펜을 잡고 글씨를 쓸 수 있을 정도로 힘이 생겼다는 사실에 감사하다는 말로 편지를 시작했다. 그때 말은 안 했지만, 글자들이 후 불면 날아갈 것 같았다.

해외에서 생사를 오간 수술을 몇 번씩 한 환자를 환영하는 병원은 없었다. 그도 그럴 것이 어떻게 수술을 받았는지조차 모르는 환자를 함부로 받기 부담스러웠을 것이다.

하지만 너무나 감사하게도 인천의 길병원이 그를 받아 주기로 했다. 아무런 연고도 없는 병원이었지만, 내가 올린 기도 제목을 공유한 사람들이 여기저기 퍼뜨린 덕분에 의료선교팀에 속한 길병원의 관계자가 입원할 수 있도록 주선해 주었다. 이렇게 남편도 나도 알지 못하는 많은 분들이 우리를 위해 기도하고 있었다.

비행기가 착륙하자 공항 의료팀과 준비된 병원 앰뷸런스의 도움을 받아 곧바로 길병원으로 향할 수 있었다. 새벽 6시 30분에 병원에 도착해 멕시코시티에서 5일 동안 진행하던 기본 검사를 1시간 30분 만에 모두 마쳤다.

그리고 신기하게도 그의 출혈이 멈췄다. 거짓말처럼. 장루의 비닐에 피가 가득해서 한국행에 올랐건만, 거짓말처럼 피가 멈춘 것이다. 더구나 한국에서는 단 한 번도 출혈이 없었다. 한국의 의사들은 장수술은 빠르게 아물기 때문에 3일이면 된다면서 장 출혈이 일어난 사실을 이해할 수 없다고 했다. 물론 멕시코에서도 내내 들었던 말이다.

우리는 생각했다. 하나님의 계획 안에서 일어난 출혈이었고 멈춤이었다고.

소식을 듣고 나는 어머니와 아이들과 함께 한국행 비행기에 올랐다.

-

한국으로 가기 위해 병원을 나서서 공항으로 이동 중이에요.

이 모든 과정이 하나님의 인도라고 오늘 아침 김윤상은 고백했어요.

사랑하는 김윤상의 이송을 위해 기도해 주세요.

이 모든 과정 가운데 평안으로 인도하시는 하나님께 감사합니다.

메신저 가족톡창에서 한국행을 위해 기도 중이라는 소식에 살짝 놀랐는데 김윤상과 통화하면서 감사했습니다.

"윤재와 함께 하나님의 뜻을 알려 달라고 기도했다"면서 현지 의사와 이곳 이 선교사님과 통화하면서 선명해졌다고 했습니다.

그리고 공항 가기 전까지 24시간밖에 안 남은 상황에서 수많은 준비 과정이 멕시코에서 다 이루어진 것을 보면 하나님의 인도요 은혜입니다.

이 일에 형을 사랑하는 마음 하나만으로 함께 걸어 주고 있는 사랑하는 동생 윤스키(윤재)와 장남과 생사를 같이 느끼며 걷고 계신 아버지 그리고 흔들림 없이 함께 기도로 서 주시는 어머니와 동서 예린, 그리고 같은 마음으로 애달아하며 간절히 기도해 주시는 열방의 기도 동역자님들께 다시 한 번 감사합니다.

이제 한국에서 새로운 도전을 합니다.

저는 사랑하는 김윤상 곁으로 언제 갈 수 있을지 모르지만 여러분의 기도처럼 기도로 사랑하는 남편 곁에 함께 설 수 있기에 감사합니다.

이 시간부터 한국에 도착할 때까지 수시로 중보 부탁드립니다.

한국에서의 일정을 듣는 대로 기도 제목을 나누겠습니다.

정말 감사합니다.

2018년 12월 12일(멕시코 pm 6/한국 am 9)

#주인되신하나님고맙습니다 #열방의기도정말감사합니다

예수 그리스도 때문에

성탄 전야. 감사하게도 우리에게 이번 성탄절이 허락되었다.

"오빠, 병원에서 성탄절을 맞은 적 있어?"

"태어나서 병원에 입원한 것도 처음이야."

'그래. 우리가 함께 성탄절을 보낼 수 있다니 이것은 은혜다.'

이번 성탄절은 우리 가족에게 그 의미가 남달랐다.

성탄절, 하나님의 아들인 예수님이 하나님의 말씀에 순종하여 이 땅에 오신 날이다. 그는 십자가를 짐으로 하나님 말씀을 이루셨고, 하나님의 말씀대로 3일 후에 부활하셨다. 예수님은 온 생애를 바쳐 우리를 향한 하나님의 사랑을 증거하셨다. 그분이 이 사건의 주인이시다. 그분이 계획한 것이라면 어떤 결과를 손에 받든 최고다.

하나님은 이 불구덩이 속으로 우리를 안고 뛰어드셨다. 그리고 남편의 삶 가운데, 나의 삶 가운데, 이 일에 간절한 기도를 태우며 함께한 당신의 백성들의 삶 가운데 하나님의 성막을 지으셨다. 광야에서 이스라엘 백성들 안에 성막을 지으시고 그들과 함께 살기로 결정하신 하나님이 오늘 우리 삶의 주인이 되시려고 우리 가운데 성막을 지으셨다.

하나님의 그 압도적인 사랑이 얼마나 감사한지, 이 땅에 와주신 주님의 은혜가 얼마나 큰지, 새삼 깊이 깨닫는 예수님의 생신날이었다.

돕는 손길들

인천의 길병원에서 검사를 마치고 입원하여 진료를 받는 와중에 병원이 파업에 들어갔다. 그래서 얼마 되지 않아 구로고대병원으로 옮겨야 했다. 이제 장루도 해결해야 하고, 다리 검사도 받아야 하는데 어디서부터 어떻게 해야 할지 막막했다. 하지만 이미 하나님이 인도하시는 많은 증거들을 누려 온 남편은 계속해서 생명으로 나아갔고, 우리 가족의 일상으로 성큼성큼 들어왔다.

그러던 어느 날 내 SNS 계정을 통해 메시지가 도착했다. 남편의 같은 과 후배 98학번 김아람이라면서 한국에 온 선배님을 돕고 싶다고 했다. 한동대학교는 의대가 없는데, 어떻게 후배가 대학병원의 교수가 되어 이렇게 도움의 손길을 내밀까 싶었다. 하나님의 섭리를 이제껏 경험하고 여기까지 왔지만, 아버지의 인도하심은 매번 새롭고 울컥하는 감동이 있다. 새로 옮긴 고대병원도 오래 있을 수 없어서 1월 3일에 건국대병원으로 자리를 옮겼다.

깊은 관심과 간절한 기도 덕에 우리가 여기까지 왔지만, 그 사랑은 기도에서 멈추지 않았다. 그 기도는 굉장히 실제적으로 우리 삶 가운데 손길로, 관심으로, 배려로, 나눔으로 다가왔다.

“형님, 여기까지 오시느라 고생 많으셨어요.”

김아람 교수는 그를 따뜻하게 맞이했다. 이 따뜻한 한마디가 쉬지 않고 마라톤을 뛰고 있던 우리에게 잔잔한 울림이 되었고 격려가 되었다.

김아람 교수는 학창 시절 남편과 마주친 적도 없다고 했다. 남편이 군대 간 사이 학교를 졸업한 모양이었다. 그럼에도 불구하고 한동인이라는 이유 하나로 기꺼이 도움의 손길을 내밀었다. 나는 누구에게 무엇을 부탁해야 할지 엄두가 나지 않았다. 아니 그럴 마음의 여유도 없었다. 역시나 이 일의 주인이신 하나님 아버지는 당신의 아들을 재건하는 일에 주의 사람들을 고르고 또 골라 특별히 준비해 놓으셨다. 우리가 이만 하면 괜찮다고 하는 사람이 아니라, 하나님 눈에, 마음에 드는 사람이었다.

"형님 소식을 SNS에서 접했어요. 한국까지 올 정도로 나아졌다고 하니 정말 감사했습니다. 하지만 좋아졌다 해도 워낙 큰 사고였기에 하반신 마비를 벗어날 수 있을까 했는데 지금의 모습은 정말 기적입니다."

김아람 교수는 남편이 받아야 할 진료과가 아니었지만, 매일 시간이 날 때마다 회진하듯 병실로 찾아와 격려해 주었다.

그렇게 건대병원에서 우리의 긴 장정이 시작되었다.

멕시코 시골 병원과 비교하면 이곳 병원은 천국이나 다름없었다. 보호자 침대도 있고 환경도 좋고.

하나님 아버지는 죄 가운데 죽은 우리를 당신의 독생자 예수 그리스도의 귀한 보혈을 통해 깨끗하다 하셨다. 그 은혜가 벅찬데, 그는 우리를 예수 그리스도의 가치로 살리는 데서 멈추지 않고, 예수 그리스도의 가치로 살아갈 수 있도록 우리의 삶 가운데 들어오셨다.

답은 우리에게 있지 않다. 정확한 답은 오직 그분에게 있다. 그분은 더없이 넉넉히 우리를 생명으로 이끄신다.

우리가 함께 떼는 믿음의 한 보

미국에 계신 남편의 이모님을 통해 남편의 소식을 듣고 기도해 주던 분이 있다. 그는 예수 그리스도를 경험하지 못한 채 교회 생활을 하다가 남편을 위한 기도를 하면서 신앙이 깊어진 분이었다. 그 무렵 그는 말기암 판정을 받고 기도하던 중이었는데, 하나님께서 자신보다 남편의 기도를 먼저 하도록 이끄셔서 그를 위해 간절히 기도했다고 했다. 다음 날이면 미국으로 돌아간다면서 남편의 얼굴을 보기 위해 병원을 찾아왔다.

"선교사님! 저 완치 판정받았습니다. 미국으로 돌아가기 전에 꼭 만나 뵙고 싶었습니다."

남편을 위한 기도를 하던 중 믿음이 견고해졌을 뿐 아니라 그를 괴롭히던 병마도 이길 수 있었다고 했다.

"너무 감사하네요. 정말 축하드려요."

온 김에 기도를 부탁한다고 하자 그는 "저, 기도만 하면 눈물이 나와서 안 돼요" 하면서 이미 눈물을 훔치고 있었다.

"선교사님이 살아나신 모습을 본 것만으로도 정말 충분합니다."

이후에도 우리의 기도 제목을 접하고 기도해 주던 사람들이 남편을 보고 싶다며 병원을 찾아왔다. 그들 모두 얼굴도 이름도 모르는 사람들이었다.

인도네시아에서 오신 분도 있었다.

"윤여훈 형제에게 선교사님 소식을 듣고 눈물로 기도했어요. 선교사님이 한국에 오셨다는 소식을 듣고 얼굴 보고 싶어 왔습니다. 저도 조만간 인도네시아로 돌아갈 겁니다."

윤여훈 형제는 남편이 과테말라에서 복음을 전한 뒤 신앙 안에서 꾸준히 교제해 온 형제였다. 외국 생활을 하다가 잠시 한국에 오면 만나야 할 사람도 많고 해야 할 일도 많다. 그렇게 바쁜 중에도 시간을 내어 남편을 찾아온 것이다. 우리와 아무런 연고도 없던 인도네시아에서도 남편을 위해 기도하는 기도의 용사들이 있다니, 놀랍고 감사할 따름이다. 우리가 모르는 사이 그를 위한 간절한 기도가 세계 도처에서 터져 나오고 있었다.

한동대 어머니기도회에서도 오셨고, 가나에서 선교하는 아버지 연배의 선교사님 가족도 방문해 주셨다. 선교사님의 아들과 같은 또래인 김윤상의 사고가 더 안타깝고 가슴 아팠다고 했다.

SNS를 통해 기도 제목을 받고 남편을 위해 기도하다가 본인의 인생 가운데 역사하시는 하나님을 경험했다는 DM들도 내게 전해졌다.

"저는 오랫동안 하나님을 외면한 채 살아왔습니다. 하나님께 많이 실망했거든요. 그러다 직접적으로 알지는 못하지만 한동대 선배의 기도 제목을 보게 되었습니다. 그런데 그 절망적인 상황을 전하는 사모님의 기도에는 하나님을 향한 감사로 가득 차 있었습니다.

하나님이 정말 살아 계신다면 이 감사에 대하여 어떻게 반응하실까 궁금해졌습니다. 그리고 저도 이렇게 고백했습니다. '다시 한 번 하나님을 인정함으로 기도하겠습니다. 하나님이 정말 이 기도를 응답해 주신다면, 내 평생에 하나님을 온전히 믿겠습니다.'

그렇게 고백을 하고 시작한 기도였습니다. 반신반의했지

만 사모님의 기도 제목을 읽으면 읽을수록 마음이 뜨거워졌습니다. 이 뜨거움은 저의 불신을 태웠고, 어느새 하나님을 신뢰함으로 기도하는 저를 발견하게 되었습니다. 함께 기도할 수 있도록 기회를 주시고, 기도 제목을 나눠 주셔서 정말 감사합니다. 덕분에 하나님을 다시금 깊이 만났습니다. 한국에 오신 선배님을 위해서 더욱 마음을 다하여 기도하겠습니다."

또 이런 일도 있었다. 시동생이 어느 교회 35주년 행사에서 요청을 받아 특별 세미나를 위해 교회에 갔다. 세미나 중간에 시동생은 우리의 이야기를 나눴고, 하나님이 하신 일을 잠시 들려주었다. 세미나가 끝난 후 한 성도님이 찾아왔다.

"형님 분을 위한 사모님의 기도 제목을 SNS에서 우연히 보게 됐어요. 그 기도의 내용이 마음에 감동이 되어 함께 기도하면서 정말 이 기도가 응답된다면 하나님은 살아 계시는 거야 했지요. 저는 그때까지만 해도 교회를 안 다녔거든요. 형님분의 쾌차 소식을 듣고, 바로 이 교회에 나오기 시작했습니다. 그런데 동생분의 세미나를 듣다니요. 너무 신기하네요."

하나님은 한 가지에 몰두한다고 다른 하나를 놓치시는 분이 아니다. 타인의 간절한 기도 제목을 가지고 나오는 그 한 사람의 기도와 그 인생에 집중하신다.

이렇게 우리는 김윤상의 회복만이 아니라 함께 기도해 주신 분들의 승전가를 들을 수 있었다.

살아 계신 나의 주님은, 나만의 주님이 아니셨다. 하늘 아버지는 한 사람의 믿음의 백 보도 기뻐하시지만, 우리가 함께 믿음의 거대한 한 걸음을 떼는 것에 진심으로 기뻐하시는 분이다.

'그래. 나의 주인은 이런 분이시지.'

기도의 어벤저스

나와 함께 2005년 스위스 로잔에서 YWAM DTS 훈련을 같이 받은 자매가 있다. 친자매처럼 가까운 동생 윤정이는 갑작스럽게 마주하게 된 나의 SNS 기도 제목에 꽤나 놀랐다고 했다. 당시 윤정이는 밀라노 유학 중이었는데 그녀의 엄마에게 기도 제목을 나눴다.

"밀라노에 있던 윤정이가 너무 힘들다며 펑펑 울면서 전화했어요. 엄마가 함께 기도해 달라고 하더군요."

윤정이 어머님이 당시를 회상하며 말씀하셨다.

이후 어머니는 윤정이의 이모와 큰어머니에게도 기도 제목을 나눴고 그렇게 함께 기도하기 시작했다.

한국 시간으로 매일 아침 6시면 올라오는 기도 제목이 조금 늦기만 해도 소식을 묻는 그분들을 나는 '기도의 어벤저스'라고 부른다. 정말 주께서 쓰시는 히어로들 같았다.

그분들이 한국에서 치료를 받고 있는 김윤상을 병문안하셨다.

"새벽마다 저는 욕실 바닥에 엎드려 간절히 기도했습니다. 나의 욕실은 성령님께서 가득 임재하신 곳이었습니다."

"정말 감사합니다. 그렇게 기도해 주신 덕분에 우리가 지금 이 은혜를 누리고 있습니다."

우리가 전하는 감사에 그분들은 도리어 그 은혜의 자리에 자신을 초청해 주어서 감사하다고 했다.

이모님은 새벽마다 아들이 하나님을 깊이 만나게 해달라고 기도해 왔단다. 그런데 이 기도 제목을 받고 난 뒤부터는 아들의 기도보다 김윤상 선교사의 기도가 먼저 나왔다고 했다. 그때가 한참 특별 새벽기도 기간이었는데 마지막 날 목사님께 기도받는 시간에 담임목사님이 간절한 기도 제목 한 가지만 말해 달라고 했을 때 이모님은 이렇게 말했다.

"저에게는 아들이 하나님을 깊이 알아 가는 것이 정말 간절한 기도 제목이었어요. 그런데 이번에는 김윤상 선교사님의 완치를 위해 기도 제목을 내고 있는 거예요."

그리고 며칠 후 공교롭게도 이모님의 아들에게 큰 교통사고가 일어났다. 남편이 당한 사고처럼 큰 사고였는데 놀랍게도 털끝 하나 다치지 않았다.

"아들을 위한 기도에 앞서 선교사님을 위해 더 간절히 기도했는데 우리 하나님이 아들을 보호해 주셨어요."

한편 윤정이의 큰어머님은 하나님께서 남편의 병원비에 대한 말씀을 하셨다면서 병원비를 내주고 싶다고 했다. 우리는 이미 기도로 너무 큰 빚을 지었기 때문에 한사코 거절했지만 큰어머님은 하나님의 명령이라며 기어코 병원비를 결재하고 가셨다.

이후 나는 멕시코로 돌아왔는데 큰어머님이 다시 남편의 병원을 찾아와 이렇게 말씀하셨다.

"선교사님, 하나님이 제게 말씀하신 금액보다 지난번 결재 금액이 적었어요. 그래서 나머지 금액은 현금으로 가져왔습니다."

'어떻게 이러실 수가 있지?'

한참이 지난 후에 큰어머님의 이야기를 들었다.

"사실 하나님께서 선교사님께 헌금하라고 하셨을 때 제 수중에 돈이 없었어요. 그래서 카드로 결재해야겠다고 생각해 수납하러 갔는데 당시에는 비용이 그리 많지 않았던 거예요.

이미 하나님은 정확한 금액을 마음에 주셨거든요. 그래서 결재한 병원비를 제하고 나머지는 헌금으로 드리러 왔어요."

이야기는 여기서 끝이 아니었다. 큰어머님이 집으로 돌아가던 중 병원 엘리베이터에서 전화 한 통을 받았다. 놀랍게도 순종해서 쾌척한 돈이 열 배가 되어 돌아온 것이었다.

"뜻밖의 돈이 제 통장으로 입금이 된 거예요. 선교사님께 드린 금액에 '0'이 하나 더 붙어서요."

이후 큰어머님은 십일조와 말씀에 온전히 순종하는 것에 대해 깊이 배웠다.

"하나님은 우리의 기도를 듣고 계셨고 선교사님께 일하고 계셨어요. 선교사님은 저희에게 감사하다 하시지만 오히려 저희가 더 감사해요. 함께 기도하면서 하나님께서는 나를 주인공 되게 하시고 나의 믿음의 견고함을 위해 친밀하게 일하고 계신 것을 경험했습니다."

♥ ◯ ▽ ⌑

-

사랑하는 김윤상을 위해 기도해 주시는 한 분 한 분께 감사드려요.

재활을 시작하고는 수술한 곳이 아프다고 했는데 아무래도 땅에

닿으니 무게가 실려서 그러는 것 같다고 합니다.

무게가 실리기도 하고 아프기도 하고 먹고 싶은 것도 생긴 우리의 친구 김윤상이 오늘도 우리와 함께 호흡하고 있습니다.

어제 사랑하는 김윤상은 히브리서 11장을 묵상하고 나누면서 "믿음이 우리의 현실을 견인해 간다"고 고백했고 저도 그 고백에 전적으로 동의할 수밖에 없었습니다. 왜냐하면 김윤상이 우리의 믿음의 기도로 지금 제 눈앞에 앉아 있으니까요.

감사합니다. 그래서 오늘도 성실히 일해 주시는 우리 주인이신 하나님께 믿음으로 선포합니다.

하나님이 하나님만큼 하셨고, 계속 일하고 계십니다. 나의 주인이 하나님이셔서 오늘 하루도 깊고 묵직한 평안으로 서 있겠습니다. 아멘!

2019년 1월 15일

그냥 하나님의 뜻

우리와 비슷한 시기에 남편이 병을 앓게 되어 최근 사별한 선교사님이 병원을 찾아오셨다. 선교사님은 우리의 이야기가 자신의 이야기와 너무 많이 닮아서 꼭 한 번 만나 보고 싶었다고 했다.

"선교사님, 나의 남편은 주님께서 데려가셨지만, 선교사님은 남으셨네요. 이 땅에서 선교사님께 맡기신 하나님의 일이 아직 끝나지 않았네요. 선교사님의 이야기를 듣는데, 우리 남편의 이야기와 너무도 닮아서 꼭 와 보고 싶었습니다."

그는 남편이 아픔을 겪는 과정에서 자신과 아이들은 선하신 하나님은 언제나 옳으시기에 주어진 상황을 감사로 올려 드렸다고 했다. 남편을 영원히 살리기 위해 당신의 독생자 예수 그리스도를 아끼지 않으신 여호와 하나님이 우리의 주님이기에, 만유의 주재이시기에 그 깊은 사랑 앞에 온 가족이 감사의 고백을 했다고 했다.

그리고 놀랍게도 선교사님과 남편 선교사님은 병상에서 '임재'라는 찬양으로 하나님께 예배를 드렸다고 했다.

데려가셔도 감사, 남게 하셔도 감사, 범사에 감사. 예수 그리스도께서 친히 우리의 주인되시기에 감사.

누가 더 나아서 누가 뭐를 더 잘해서 삶이 허락된 게 아니다. 생명의 주인이신 하나님께서 모든 것에 때를 두고 행하시는 것이다.

나는 주께서 허락하신 오늘, 매 순간 주님 만날 날이 가까워지고 있는 지금, 깨어서 지혜롭게 계수하며, 깨달은 지혜가 내 삶 가운데 새겨지도록 순종하겠다고 다짐해 본다.

우리에게 우리 날 계수함을 가르치사 지혜로운 마음을 얻게 하소서 시 90:12

-

딱 3개월이 흘렀습니다.

함께 기도해 주시는 분들이 얼마나 많은지, 기도의 눈물이 얼마나 차고도 넘쳤는지 헤아려 봅니다.

사랑하는 친구 김윤상이 수술한 왼쪽 대퇴부와 무릎에 골유합이 일어나기 시작했다고 합니다. 뼈의 진액이 나오기 시작했지만 재수술은 하지 않기로 했습니다. 병원 측 입장은 멕시코에서 1차 수술한 것을 재수술해야 하기 때문에 좀 꺼려지는 모양입니다. 하지만 저는 하나님께 맡기는 상황이 되니 마음이 더 평안해졌습니다.

뼈를 견고히 하신다는 하나님(사 58:11), 급속히 치유하신다는 하나님(사 58:8)을 붙잡고 나아갑니다.

하나님은 오늘도 성실히 일하여 주십니다.

지금까지 인도하신 하나님을 찬양합니다. 며칠 전부터는 저희와 같은 기도 제목으로 기도를 했지만 다양하게 응답받은 친구들의 기도들을 기억나게 해주셨습니다. 모두가 주의 선하신 답이지만 그 앞에 더욱 마음이 숙연해짐을 느낍니다.

이제야 사랑하는 사람이 너무 아프기에 작아질 수밖에 없는 친구들의 마음이 다가옵니다. 또 오늘을 허락받은 호흡에 대한 무게감이 더욱 깊게 다가옵니다.

함께 기도해 주셔서 정말 감사합니다.

사랑하는 친구인 당신의 기도 제목에, 저도 기도로 함께 서겠습니다.

2019년 1월 20일

#요즘닮았단소릴자주듣는우리

순간 무너졌던 마음을 추스르고

멕시코에 있는 아이들의 학교가 개학한 지 이미 2주가 지났다. 학교는 학업과 수업일수에 지장이 없는 범위 내에서 아이들에게 방학을 연장해 주었다. 하지만 그에겐 아직 치료가 필요했다. 장 수술을 앞두고 있는 남편을 두고 나는 아이들과 함께 멕시코로 돌아왔다. 아픈 그를 두고 오는 것이 마음에 걸렸지만, 지혜로운 결정이 필요했다.

남편 곁에 있는 것이 그나 나나 마음이 편하지만, 다시 돌아온 그와 함께하는 기쁨에만 머무를 수만은 없었다. 현실의 시간은 속절없이 흘러가고 있었고, 그 현실을 충실하게 살아내야 했다.

아이들이 멕시코로 돌아온 후 학교생활에 적응하는 동안 남편은 재활 치료를 받으면서 장 복원 수술을 기다렸다. 의사들은 다른 의사가 한 수술은 건드리고 싶어 하지 않는다. 더구나 외국에서 한 수술이라면 더더욱 그렇다. 그럼에도 김아람 후배를 통해 좋은 의사분을 만났고 그분이 기꺼이 수술하겠다고 나서 주었다. 이제 수술을 위한 그의 컨디션을 예의주시하고 있었다.

재활의학과에서 소화기내과로 병실을 옮겼다. 머물 수 있는 기간이 제한적인 대학병원이지만, 여러 과의 진료가 필요했기 때문에 입원 기간의 제약에서 벗어날 수 있었다.

사고 후, 그의 컨디션은 계속 좋아지고 있었다. 하지만 그의 마음이 안쓰러울 정도로 심각하게 무너진 때가 있었다. 내가 떠나고 장 수술을 한 지 10일이 지나서였다.

장 복원 수술은 예상보다 오래 걸렸다. 의사들은 장루를 설치할 때 저마다 자신만의 사인을 배 안에 해둔다고 한다. 복원 수술 때 정확한 위치를 알기 위해서다. 하지만 외국에서 한 수술인지라 어떤 사인이 적용되었는지 알 길이 없었다. 더구나 세 번의 개복 수술로 인해 장기가 심하게 유착된 상태였다.

세 번에 걸친 개복 수술 동안, 남편은 의식이 없었다. 깨어난 후에도 몸을 제대로 움직일 수 없었던 터라 장끼리 유착이 되고 만 것이다. 더 이상 개복 수술을 할 수 없다고 판단한 집도의는 맹장을 절제했단다. 혹시나 맹장에 문제가 생기면 안 되었기에. 처음에는 끊어진 장의 끝을 찾는 것도 어려워 시간이 오래 걸렸지만, 감사하게도 수술은 잘 마무리되었다.

그러나 회복할 때가 문제였다.

남편의 장은 회복이 매우 느렸다. 잦은 수술과 유착이 심한 탓에 회복이 늦어진 것이다. 수술은 잘되었다지만, 회복 속도가 너무 느리니 열흘이나 식사를 하지 못했다. 소화기내과 병실에 함께 입원한 환자들은 모두 대장암 수술을 앞두고 있었다. 그들 중에는 진행이 많이 된 사람도 있었다. 하지만 남편보다 늦게 수술을 한 환자도 적어도 3일 후면 식사를 시작했다. 그즈음 남편과 통화를 하는데 그가 오열에 가깝게 울었다.

'이렇게 운 적이 없는데….'

순간 심장이 쿵 하고 내려앉았다.

후에 들은 이야기지만, 남편은 손가락 하나 까딱할 힘조차 없었단다. 멕시코 병원에서 깨어난 뒤 자신에게 무슨 일이 일어났는지 짐작조차 하지 못하던 때의 무력감이 몰려와서 힘들었다고 했다. 깨어난 그의 몸무게는 말도 안 되게 적게 나갔고, 몸의 모든 근육이 빠져나간 상태였다. 침대를 세워 놓고 앉으려 해도 몸이 침대에서 흘러내려 제대로 앉아 있을 수 없었다. 그때의 감정이 올라와 마음이 무너졌다고 했다.

'내가 다시 한국으로 가야 하나.'

"오빠, 도련님 좀 바꿔 줘요."

남편의 상태를 정확히 알고 싶어 시동생에게 물으니 회복은 잘되고 있으나 몸이 생각처럼 따라 주지 않는 데다 열흘 동안이나 식사를 하지 못해서 마음이 힘들어진 모양이라고 했다.

'심리적인 부분이구나.'

순간 무너졌던 마음을 추스르고 남편에게 말했다.

"오빠, 오빠가 원하면, 내가 무슨 수를 써서라도 한국으로 다시 나갈 거니까 언제든지 말해요. 너무 잘하고 있어. 지금까지 정말 잘해 왔고."

남편은 강한 사람답게 마음을 곧 추스렸고 회복해 나갔다.

그저 감사했다

장 수술 후 엄습해 온 두려움의 시간도 지나고 남편은 병원식을 먹으며 하루하루 회복되고 있었다. 장 수술을 하던 날, 인도네시아에서 믿음의 동역자 윤여훈 형제가 병문안을 왔다.

"윤상아, 퇴원하면 꼭 인도네시아에 와서 네게 행하신 하나님의 일을 나눠 줘야 해. 거기에 너를 위해 기도해 주시는 분들이 참 많아."

차츰 일상의 삶으로 회복되면서 그때 윤여훈 형제가 한 말이 생각났다. 비록 지팡이에 의존해야 했지만 걸을 수 있으니 어디든 갈 수 있었다.

남편이 퇴원했다는 소식을 듣고 해외에서 그를 위해 기도해 주던 사람들이 멕시코로 돌아가기 전에 자기 나라로 꼭 와 달라고 요청하기도 했다. 우리는 기도에 빚진 자로서 체력이 따라 주는 대로 당연히 그 요청에 응답해야 한다고 생각했다.

먼저 인도네시아로 갔다. 사고 후 홀로 하는 그의 첫 비행이었다. 그곳에는 과테말라에서 그가 복음을 전한 윤여훈 형제와 그의 가족이 있었다. 윤여훈 형제는 과테말라에서 복음을 받아들이고 신앙생활을 하다가 인도네시아로 가서 인도네시아 한인 교회를 견고히 세우는 귀한 역할을 감당하고 있었다.

윤여훈 형제는 내가 남편의 소식을 SNS에 올릴 때마다 댓글로 기도를 남겼고 간절한 심정으로 남편의 생명을 위해 기도했다. 그리고 누구보다 남편의 회복을 기뻐했다.

남편은 인도네시아에서 그를 위해 기도해 주신 교회 성도님들과 인사를 나누고, 삶을 나누었으며, 주일 학교 아이들을 만나 예수 그리스도를 전했다. 그리고 다시금 생명을 얻은 그가 해야 할 일을 깨닫고 있었다.

남편은 당시 전화로 이렇게 말했다.

"당시 그렇게 간절한 마음으로 복음을 전한 것 같지 않은데, 윤여훈 형제는 복음을 존귀하게 받고, 주의 교회를 세워 건강한 공동체를 만들고 있어. 너무 감동적이야. 주께 붙잡히면 우리가 어떻게 변화되어 그의 일에 쓰임 받을지 아무도 모르는 것 같아."

윤여훈 형제는 사역자가 아니었다. 인도네시아에서 일하는 성실한 직원이었고, 그를 따르는 인도네시아 사람들이 많았다. 하지만 사역자가 따로 있는 게 아니다. 그는 여느 사역자 못지 않게 교회 공동체를 견고히 세우기 위해 믿음의 교제를 나누는가 하면, 믿음의 사역자들을 초청해 믿음의 성장을 견인하고, 청소년들이 믿음 안에서 성장하도록 같이 농구도 하는 등 열과 성을 다하고 있었다.

이어 그는 베트남으로 넘어갔다. 그곳에서는 한동대 후배들과 만남을 가졌다. 한동대 사람들은 어쩐지 삼겹줄보다 더 단단한 줄로 묶여 있는 듯했다. 앞에서 끌어주고 뒤에서 밀어주며 서로 돕고 세웠다.

지난 6개월여 우리는 사망의 음침한 골짜기를 지나는 것 같았다. 하지만 그 곁에는 하나님이 있었고 하나님의 아들딸들이 있었다.

남편의 사고가 없었다면, 죽음의 사선을 힘겹게 넘지 않았다면, 단지 믿음의 교제를 하기 위해 비행기에 올랐을까? 살아 돌아온 그를 기뻐하고 환영하고 격려하는 믿음의 동역자들을 만날 수 있었을까?

그렇기에 모든 순간이 너무나 감사하다. 죽음의 그림자와 싸우는 일은 힘에 겨운 일이었지만, 이렇게 많은 믿음의 사람들을 얻었으니 이보다 더 큰 축복이 어디 있으랴.

남편은 아직 비행기를 타고 여행하는 것이 무리였다. 폐에 심각한 타박상을 입어서인지 숨이 안 쉬어지고, 식은땀이 흐르는 등 비행기 안에서 홀로 고통의 시간을 겪어야 했다. 하지만 매 순간 하나님은 남편에게 견딜 만한 힘을 주셨고, 고통 가운데서 빠져나오도록 인도해 주셨다. 그렇게 남편은 이전과 전혀 다른 몸과 가까워지고 있었다.

예수 그리스도께서 나에게 베푸신
사랑은 실제다. 그 사랑을 나만 소유해
선 안 되므로 소리로, 삶으로 주님을
증거해야 한다.

#새 옷을 입고

실제로 동행하다

남편은 센터에 도착한 지 한 달 뒤부터 바쁘게 움직이기 시작했다. 주님의 사명이 확고해진 만큼 그는 비즈니스에 매진했다. 하지만 일을 대하는 태도가 확실히 달라졌고 일과 가정의 균형 있는 삶을 위해 노력했으며, 어떤 상황에서든 복음을 전하려 애썼다. 원래 그랬던 것처럼 남편은 그것을 능수능란하게 해 나갔다.

아이들은 아빠에게서 앉든 서든 복음을 들었다. 식사를 하면서 숙제를 함께하면서 길을 걸으면서 남편은 아이들에게 복음을 전했다. 나는 옆에서 남편이 전한 복음이 아이들의 마음에 잘 심길 수 있도록 도왔다. 우리 부부는 그 무엇보다 신앙 교육에 힘을 쏟았다.

멕시코로 돌아온 뒤 남편은 첫 출장을 떠났다. 치아파스를 시작해 멕시코시티까지 차를 몰고 다니며 바이어들을 만나 안부를 묻고 향후 비즈니스에 대해 의논했다. 그리고 일이 끝난 뒤 남편은 반드시 식사를 대접하면서 복음을 전했다.

그날도 예외 없이 일을 마치고 멕시코 베라쿠르스에 사는 바이어와 식사를 하며 복음을 전했다. 그때 갑자기 그가 펑펑 울기 시작했다.

"내가 인생을 살면서 궁금했던 많은 의문에 대해 오늘 너와 이야기하면서 그 답을 찾았다. 이 복음을 집에 돌아가 가족들과 나누고 싶다."

남편은 이제 하나님이 주신 사업이라는 필드에서 복음을 전하는 사람이 되었다. 그런 그의 곁에 나를 두셨으니 나는 남편에게서 복음을 듣는 그 한 사람 한 사람을 위해 중보했다. 하나님이 찾으시는 그 한 영혼으로 말미암아 오늘 천국 잔치가 벌어지도록 중보했다.

"나는 복음을 전하기 전에 심장이 벌렁벌렁 뛰던데, 오빠는 어때?"

이전 것은 지나갔고 새것이 되었다는 말씀처럼 나와 달리 남편에게 그 일은 너무나 자연스러운 일 같았다. 아무런 감정의 동요도 없어 보였다.

"아니, 사고 전이나 후나 나의 감정은 똑같아. 시작 전에 '그 사람의 반응이 어떨까?' 하는 생각이 반사적으로 드니까. 그런데 이 만남이 마지막일 수도 있다고 생각하면, 내가 이 사람에게 꼭 나눠야 할 것이 무엇인가를 생각하지 않을 수 없어. 난 정확히 알았는데, 어떻게 가만히 있어. 그것은 나쁜 거지. 그런 내가 불편하다고 해도 나는 어쩔 수 없어. 내 주인은 '예수 그리스도'시니까."

남편은 복음을 전하는 것이든, 비즈니스든 그 과정에 최선을 다했다. 그리고 결과는 하나님께 맡겼다. 어떤 결과든 집착하지 않고 다만 주님이 허락하셨으므로 감사했다. 계속해서 내 힘을 빼며 주님의 의중을 순간순간 여쭸다.

출장을 마치고 돌아오면 남편은 "세 건 했다" "한 건 했다" 하면서 복음을 영접한 친구들을 자랑했다. 우리의 티타임은 예수 그리스도를 나의 주, 나의 하나님으로 영접한 사람들의 승전가로 가득했다. 예전에 주로 하던 비즈니스 성과에 대한 이야기는 그냥 양념에 불과했다.

"나 아무래도 베라쿠르스에 다녀와야 할 거 같아. 마르코가 코로나에 걸렸는데 위독하대. 만나지는 못하더라도 가 봐야 할 것 같아."

어느 날 남편은 앞서 이야기한 베라쿠르스의 바이어를 만나 봐야 할 것 같다고 했다. 10시간을 달려갔으나 정작 그를 병문안하지는 못하고 가족들만 만나 위로하고 돌아왔다. 그리고 일주일 뒤 그가 주님 곁으로 갔다는 연락을 받았다. 또다시 그는 급히 마르코의 장례식에 갔다. 코로나 상황이어서 가족장으로 간단하게 치르는데 마르코의 가족이 그를 초대했다.

마르코는 남편에게 복음을 들은 뒤 죽기까지 1년 동안 만나는 사람들에게 복음을 전하기 바빴다고 한다. 그와 함께 일하는 큰딸이 아빠인 마르코가 손님들에게 물건은 안 팔고 마냥 붙잡고 복음을 전해서 아빠가 이상해졌다고 생각할 정도였다.

큰딸이 그날 아빠가 들었던 하나님을 나눠 달라고 해서 남편은 온 가족에게 복음을 전했고, 모두가 주를 영접하는 놀라운 경험을 하게 되었다. 가족들이 '마르코는 1년 동안 하나님나라의 확장을 위해 열심을 내었고, 주님 앞에 섰다'면서 하나님께 감사를 돌렸다.

장례식장은 순식간에 슬픔의 자리가 아닌 천국 본향에서 다시 만날 것을 기대하는 감사의 자리가 되었다.

한번은 사료업체 사장이 남편의 사무실을 방문했다. 그 사장은 당뇨가 심해서 개인 간호사와 동행을 했는데, 남편이 입원한 병원에서 근무하던 간호사였다. 그 남자 간호사는 남편이 동양인인 데다 위중한 환자여서 기억하고 있었다. 건강이 회복된 남편을 믿을 수 없다는 듯 그는 연신 정말 괜찮냐고 물었단다.

그날 남편은 사료업체 사장에게 복음을 전했고 그는 그 자리에서 영접 기도를 했다.

그리고 그는 "어떻게 하면 예수 그리스도를 더 배울 수 있냐"며 물어 왔다. 그를 위해 남편이 교회를 알아보던 중 그는 지병인 당뇨병으로 주님 곁으로 갔다. 모두 2주 사이에 있었던 일이다.

그의 소식을 듣고 남편과 나는 그날 복음을 전한 데 진심으로 감사했다.

오늘 만난 이 사람이 어쩌면 내가 이 세상에서 만나는 마지막 사람일지도 모른다. 또 그에게 있어 우리가 마지막 사람일지도 모른다. 그렇다면 무엇을 해야 하는가? 우리가 줄 수 있는 최고의 사랑은 '복음'이지 않은가.

나는 남편과 주 안에서 가정을 일군 뒤 "예수 그리스도가 우리에게 가장 중요하다"고 허리만 찔려도 고백해 왔다. 하지만 '우리의 삶이 우리의 고백을 증거할까?'를 자문해 보았을 때 자신 있게 대답할 수가 없다. 예수 그리스도께서 나에게 베푸신 사랑은 실제다. 그 사랑을 나만 소유해선 안 되므로 소리로, 삶으로 주님을 증거해야 한다. 그것이 날 위해 십자가를 지신 주님의 사랑을 사랑으로 되갚는 일이다.

예수님의 마음을 느끼다

그의 복음 전도는 출장에만 국한되지 않았다.

변형된 가톨릭이 뿌리내린 이 나라에서 무엇을 정확히 믿는지 모를 수도 있는 멕시칸들에게 복음을 전했다. 선교센터 안에서 일하니까 믿을 거라는 막연한 생각을 접어 두고, 예수 그리스도를 전하기 시작한 것이다.

정확하게 그 사람 안에 예수 그리스도가 있는지, 한 영혼도 놓치고 싶지 않은 마음이었다.

선교센터 안의 곳곳에서 공사하는 인부들의 간식 시간에 맞춰 음료수를 가져가 그들과 함께 앉았다. 그들의 고단한 삶에 대해서 듣고 복음을 전했다. 가톨릭이 바탕인 멕시칸들에게 이야기를 꺼내기는 어렵지 않았다. 하지만 "오늘 죽으면 천국에 갈 수 있냐?"는 질문에는 그들은 정확하게 대답하지 못했다. 그들은 가톨릭이 강조하는 선행 때문에 예수 그리스도를 믿기는 하지만 천국에 가기는 어려울 것 같다는 대답을 했다.

한번은 야간작업을 하는 양식장에 방문했다가 별이 쏟아지는 호숫가에 앉아서 인부들과 이런저런 이야기를 나눌 기회가 있었다. 그들의 삶은 무척이나 고단했다. 적은 돈벌이로 근근이 살아가는 그들에게 다른 누구도 아닌 당신을 위해 십자가에서 죽으신 예수 그리스도, 하나님이 말씀하신 대로 3일 만에 부활하신 예수 그리스도, 영원히 목마르지 않는 샘물이신 예수 그리스도를 전했다.

"예수님이 갈릴리 호숫가에서 제자들과 이야기를 나눴을 때 이런 기분이셨을까?"

그날 남편은 내게 이렇게 말했다. 남편은 예수 그리스도의 심정을 이해하고 싶어 했고, 그대로 느끼고 싶어 했고 알기 원했다. 누군가의 마음보다 사실과 논리에 관심이 많던 그가 예수님의 마음을 깊이 느끼기를 원했다.

한편, 남편은 수술 후 한식이 더 편했지만 굳이 멕시칸 음식을 먹으며 사무실 직원들과 함께했다. 사고 후 건강을 회복하기까지 그 과정을 지켜본 직원들이었기에 그가 전하는 복음은 실제적이었다. 남편으로부터 복음을 듣고 예수님을 영접한 직원 중에는 우리를 집으로 초대해 가족들에게도 복음을 전해 달라고 요청하기도 했다.

실제로 집에 가 보니 부를 수 있는 가족은 다 불러 정성껏 음식을 차리고 복음을 듣고자 했다. 바울과 실라가 감옥을 지키던 간수와 그의 집에 있던 모든 사람에게 주의 말씀을 전한 후 온 가족이 세례를 받고 하나님을 믿으므로 크게 기뻐하는 모습을 보고 그들이 느낀 기분이 이러했을 것 같다.

지금 이 순간에도 이토록 복음을 소중히 받아들이는 사람들이 있다는 데 감사했다. 그리고 그동안 이 복음을 전하지 않은 게으름을 반성했다.

이전과는 다른 열심

우리에게 허락된 삶을 통해 이룰 수 있는 가장 큰 가치를 온몸으로 깨달은 남편은 때를 얻든지 못 얻든지 '복음'을 전하는 자가 되었다. 우리가 영원히 살 천국을 소망하며 하나님께서 가장 기뻐하시는 일에 온 삶을 쏟았다. 그를 위해 기도한 한 사람 한 사람의 기도가 이렇게 쓰이고 있었다.

다메섹 도상에서 예수 그리스도를 만난 바울이 예수 믿는 자들을 잡던 자에서 예수를 강력히 전하는 자로 바뀌었듯이, 24일간 주를 만나고 온 남편은 바울처럼 강력한 믿음의 사람이 되었다. 전투적으로 '복음'을 전하는 남편이 부럽기도 하고 자랑스러웠다. 너무 멋져서 질투가 나기까지 했다.

남편의 DNA에는 시부모님의 아들임이 확실히 새겨져 있었다. 그가 중환자실에서 사경을 헤매고 있을 때, 아버지는 병원의 보호자들에게 복음을 전하셨다. 보호자들은 자신이 돌보는 환자에게도 복음을 전해 달라 요청해서 아버지는 병실에 찾아가 복음을 전하셨다. 어머니는 깨어난 아들이 계속해 출혈을 하며 죽음의 문턱에 서 있을 때, 그 아들에게 복음을 전하셨다.

남편은 사고 이전에도 매우 열정적인 사람이었다. 사고 이후 남편의 열정은 복음에 쏟아지고 있었다.

남편을 부러워하는 내게 남편은 이렇게 말했다.

"네가 아이들을 말씀 안에서 양육하기에 내가 복음을 전하는 데 온전히 마음을 쏟을 수 있는 거야."

그렇다. 주가 허락하신 내 몫은 아이들을 믿음 안에서 양육하는 것이다. 그리고 내 주변 사람들에게 때를 얻든지 못 얻든지 복음을 전하는 것이다. 그것이 주님의 사랑을 받은 내가 줄 수 있는 최고의 사랑이다.

하나님이 준비해 놓으신 것

이 사건 이후, 나는 자녀 교육에 대한 생각이 많이 달라졌다. 내 아이들은 구원을 받을 수 있는가. 내 아이들은 복음을 정확히 알고, 예수 그리스도를 나의 주 나의 하나님으로 믿고 있는가. 엄마인 나는 내 아이들이 주 앞에 설 수 있도록 돕고 있는가. 이것이 교육에서 가장 중요한 쟁점이 되었다.

주일학교를 다니고 우리 가족이 선교지에 있다는 사실이 '내 자녀는 예수 그리스도를 믿음으로 구원받았다'는 사실과 같은 일이라고 생각하지 않기로 했다. '교회에 속해 있으니까, 선교지에 있으니까' 하며 안일하게 부모의 책임을 누군가에게 떠넘기지 않기로 했다.

성경은 부모가 직접 자녀에게 신앙 교육을 할 것을 명령하고 있다. 세상의 문화를 진리로 받아들이기 전에, 또래 문화에 압도당해 흔들리기 전에 하나님의 진리가 우리 아이들 안에 반듯하고 흔들림 없이 세워지길 바랐다.

늘 급한 것부터, 중요해 보이는 것부터 하기 바빴다. 교육에서도 그랬다. 필요 없다는 것은 아니지만, 남편이 죽음의 사선을 넘고 있을 때 그의 부모님은 하나님이 남편의 친부되심을 잊지 말라고 당부하고 또 당부하셨다. 이때 나는 내 목숨만큼이나 소중한 자녀라도 죽음마저 함께할 수 없다는 사실을 알았다. 살아 있는 동안 동행할 수는 있지만, 주 앞에 서는 일은 각자의 몫임을 이해했다.

어느 누구도 언제 죽음 앞에 설지 알 수 없다. 이 사실을 인정한다면, 우리가 '모른다'는 것을 겸허히 받아들이는 게 최선이었다. 그리고 부모인 내가 자녀에게 줄 수 있는 최고의 가르침은 '예수 그리스도'였다. 그분이 어떤 분인지 알려 주고, 예수 그리스도를 주로 고백할 수 있도록 돕는 것 외에 중요하고 급한 일이 없었다.

하나님이 나를 만드신 이유는 내 인생 가운데 들어와 함께 사랑하며 살기 위해서다. 그렇듯 우리 아이들의 인생 가운데 나도 들어가 함께 걷기로 했다. 예수님이 이 땅에 오셔서 우리와 같은 삶의 질곡을 겪으신 것처럼 나도 아이들의 삶 깊숙이 들어가기로 했다.

집이라는 건물에 함께 산다고 가족이 아니다. 아이들의 삶에 들어가 시간을 들여 서로를 알아 가고, 그들의 소리에 귀 기울여 주는 것, 가족은 그런 것이다. 자녀와 부모의 관계만큼 전적으로 하나님이 허락해 주신 관계도 없다. 우리는 부모도 자녀도 선택할 수 없다. 이 관계는 전적으로 하나님의 주권 아래 있다. 이 사실을 인정할 때 가족과의 관계를 올바르게 맺어 갈 수 있다.

아이들이 셋이다 보니, 일대일로 관계를 맺는 게 쉽지 않다. 그럼에도 일대일의 시간이 정말 중요하다. 하나님은 내게 친히 관심을 갖고 동행하며 인도해 주신다. 가족이 모두 깨어 있는 시간에는 단 한 사람과 따로 시간을 갖기가 힘들어서 이른 아침에 한 명만 깨워 함께 산책을 나가기로 했다.

"일어날 때는 조금 힘든데, 막상 엄마랑 산책하면서 이야기하고 오면 마음이 부드러워지고, 뿌듯해져요."

감사하게도 아이들은 이 시간을 매우 좋아했다. 예준이와 산책을 나가면 나머지 두 아이들은 창밖으로 멀어지는 우리를 바라보며 내일 저 자리에 자신이 있길 기대했다.

아이들과 산책을 하면서 지금 어떤 생각을 하는지, 어떤 고민이 있는지를 들었다. 들으니 가야 할 길이 드러났고, 신앙 교육의 비전이 분명해졌다.

그렇게 시간을 들여 아이들의 보폭에 발을 맞추던 어느 날 아이들이 물었다. 엄마는 요즘 어떤 생각을 하는지, 어떤 고민이 있는지, 하나님과는 어떤 관계인지 등을. 그렇다 보니 신명기에서 말씀한 부모가 자녀를 가르치라는 명령을 자연스럽게 실천할 수 있었다.

마지막으로 아이들이 어떤 상황에서든 하나님의 말씀을 기준으로 선택하고 해결하기를 바라며 말씀 암송을 시작했다. 하나님의 말씀이 아이들의 인생에 모퉁잇돌이 되기를 바랐다. 할아버지 할머니의 전적인 칭찬과 격려는 아이들이 자발적으로 성경을 암송하도록 해주었다.

나의 믿음을 불쌍히 여겨 주세요

남편이 아직 깨어나지 않았을 때 나는 이렇게 기도했다.

'아버지, 불쌍한 저의 기도가 너무 작아지잖아요. 큰소리는 아니더라도 작게라도 소리를 낼 수 있도록 그에게 천국만큼은 보여 주지 마세요. 나의 기도가 너무 초라해지지 않았으면 해요.'

남편이 천국을 보면 다시 이 땅으로 돌아오지 않으려 할까 봐 겁이 나서 이렇게 기도한 것이다.

나는 하나님 보시기에 한없이 작은 나의 믿음을 불쌍히 여겨 달라고 간절히 매달렸다.

'당신은 여호와 하나님이시고, 이 땅의 유일하신 하나님이

신데, 나를 만드신 주님, 당신이 저를 유한한 인간으로 만드셨으니 너무도 잘 아시잖아요. 작디작은 저를 불쌍히 여겨 주세요.'

나를 천사보다 못하게 만드신 주님, 그렇지만 천사가 아닌 나를 당신의 자녀로 끌어 안으신 주님의 마음에 호소했다.

이렇게도 매달렸다.

'예수 그리스도를 못 박으신 하나님, 가장 사랑하는 가족을 잃어 보신 하나님, 저의 심정을 누구보다 잘 아시잖아요. 예수님은 십자가를 지기 위해 이 땅에 오셨으면서도, 하나님과의 단절이 두려워 이 잔을 치워 달라고 간구했잖아요. 하나님이신 예수님이 그럴진대 하물며 저는 어떻겠어요?'

생명에 대해서는 아무 힘도 권도 없지만 생명의 주인이신 하나님이 내 아버지셨다. 예수님이 지신 십자가로 인해 나는 하나님의 딸이 되었다. 내가 유한한 인간이기에 예수님처럼 하나님 아버지의 마음을 헤아리지 못하지만, 내 분량만큼 있는 모습 그대로 주께 나아갔다. 그분께 내 마음을 낱낱이 털어놓으면 되었다.

'sam 축복 사건'을 지나갈 때 하나님이 나의 주인 되심을 인정하면서 간절히 중보기도를 해 주시기를 독려했다. 하지만 어떠한 타이틀도 없이 '나로서' 하나님 앞에 엎드릴 때면 어느 날은 하나님의 권능에 힘입어 용사처럼 감사를 돌리기도 했고, 때로는 예수 그리스도의 보혈로 인하여 '딸로서' 하나님의 마음에 기대어 읊조리기도 했다. 그렇게 하나님과 나는 이 시간을 함께 걸었다.

그런 나를 나의 천부는 있는 그대로 받아 주셨다.

하나님과 같이 사는 일

이전에 우리는 하나님이 맡기신 사명(일)을 이뤄 가는 것이 주가 원하는 삶이라고 믿었다. 하지만 'sam 축복 사건'을 통해 우리가 깨달은 것이 있다. 하나님은 특별히 어떤 비장한 일을 하라고 우리를 부르신 것이 아니라는 사실이다. 그냥 단순하게 하나님은 '같이 살자'고 우리를 부르셨다. 내가 너에게 거하고, 네가 내 안에 거하므로 네 삶에서 나를 소외시키지 말라는 것이었다.

하나님과 같이 사는 일은 비즈니스에도, 가정에도, 부모와 자녀의 관계에도, 부부관계에도 하나님을 소외시키지 않는 것이었다. 하나님은 전 인격적으로 임재하여 나와 함께 살아

가길 원하셨다. 우리는 이때부터 지금 이 시간 주님이 원하시는 것에 마음을 기울였다. 그러자 우리의 모든 필요가 채워졌다. 물론 내가 원하는 때에 채워지지는 않았다. 하지만 하나님이 보시기에 지금이 그때가 아닌 것이므로 우리는 감사했다. 아버지께서 우리를 위한 그때를 정확히 아실 것이므로 감사할 수 있었다.

> 그런즉 너희는 먼저 그의 나라와 그의 의를 구하라 그리하면 이 모든 것을 너희에게 더하시리라 마 6:33

먼저 하나님의 나라와 의를 구한다는 것이 무엇일까? 바로 복음을 전하는 것이다. 그래서 우리는 복음에만 마음을 기울였다. '하나님, 지금 우리를 이곳에 보내신 이유가 당신의 잃어버린 한 영혼 때문인가요? 그 영혼이 어디 있나요?' 이렇게 여쭈며 하나님의 마음이 있는 곳에 관심을 쏟았다. 그렇게 복음을 전하면 전할수록 하나님은 과연 우리의 필요를 정확한 때에 넉넉히 채우셨다.

범사에 감사

'sam 축복 사건'이 시작되던 날, 남편의 상태와 함께 기도 제목을 SNS에 올리면서 마지막에 남긴 한마디가 있다.

"우리의 모든 일을 하나님이 허락하셨기에 감사하며, 지금도 그가 주관하시기에 감사합니다."

입원한 남편을 따라 한국에 갔을 때 그를 위해 기도해 주던 분들이 내게 가장 많이 물은 것이 있다.

"어떻게 그 상황에서 감사할 수 있느냐?"

하지만 당시 내겐 아무런 방법이 없었다. 무엇을 해야 할지 아무 생각도 나지 않았다. 이미 불이 붙은 시한폭탄을 손에 들고 있는 기분이었다. 그 급박한 상황에서 내가 할 수 있는 건 내 손에 들린 시한폭탄을 하나님께 맡기는 것이었다. 그것이 최선이었다.

내가 감사할 수밖에 없었던 이유는 첫째, 우리에게 이 사건을 허락하신 분이 하나님이기 때문이다.

'하나님이 이 사건을 막으실 수 없었을까?'

막으실 수 있었다.

"윤상아, 일어나라" 한마디만 하면 남편을 일으키실 수 있는 분이 하나님이 아닌가. 그런데 하나님께서 남편을 일으키시지 않는다면 그것은 그럴 만한 이유가 있어서일 것이다. 그러니 이 사건은 하나님이 우리에게 허락하신 일이다. 그를 모태에 조성하셨을 때부터 계획한 것이 아닐지라도, 욥과 같이 사탄의 참소에서 비롯되었을지라도, 이 일을 우리에게 허락하신 분은 하나님이었다. 그러니 내가 할 일은 다만 하나님의 손에 맡기고 그의 손에 집중하며 걷는 것뿐이었다.

둘째는 내가 할 수 있는 것이 하나님께 감사하는 일이었기 때문이다.

이 일의 주인되신 하나님이 나를, 그를, 우리 아이들을 그리고 우리의 기도 동역자들을 어떻게 사랑하셨는지 나는 너무도 잘 알고 있었다. 하나님은 당신의 사랑에 대한 책임으로 이 땅에 당신의 아들, 예수 그리스도를 보내셨다. 그리고 그를 십자가에서 찢으셨고, 당신의 말씀대로 부활시키셨다. 우리를 향한 아버지의 사랑은 굉장히 강렬하며 그것은 실제다.

나는 남편을 사랑하지만, 이 상황을 초월하여 그를 건져 낼 수는 없다. 그리고 하나님 아버지께서 그토록 사랑하는 남편을 데려가신다면 그것이 곧 선한 일임을 인정할 수밖에 없다. 그것이 주님의 계획이라면 나에게도 자녀에게도 그것이 최선이었다.

이 고백 말고는 나를 그토록 사랑해 주신 하나님께 드릴 말씀이 없었다. 너무 놀라고 혼란에 빠진 내게 아버지께서 친히 주인이 되시겠다니, 얼마나 감사한 일인가.

이렇게 감사하게 되었을 때, 하나님께서는 내게 전적인 항복을 이끌어내셨으며, 내 삶 가운데 주인으로 좌정하시어, 나를 당신의 수준으로 끌어올리셨다. 나의 약함으로 당신의 강함을 나타내시고, 나의 능 없음으로 당신의 능력을 드러내셨다.

내게 생명도 아끼지 않으신 주님께 모든 것을 맡기니, 내가 이해하기 어려운 결과가 주워지더라도 이 또한 주의 선하신 뜻임을 신뢰할 수 있었다. 이 감사가 고백되었을 때, 남편이 사경을 헤매는 중에도 내 깊은 곳에서 평안이 샘솟듯 올라왔다. 그것은 세상이 이해할 수 없는 평안이었다. 최악으로 치

닫는 상황으로 인한 두려움이 미약해 보일 정도로 차고도 넘치는 평안이었다.

범사에 감사하는 것은 내 인생의 모든 영역을 송두리째 주께 맡기는 일이다. 예수 그리스도를 내 삶의 주인으로 모시는 일이다.

하지만 범사에 감사하는 것은 매우 어려운 일이다. 당시는 앞이 캄캄한 상황에서 모든 것을 주님께 맡길 수 있었지만, 소소한 일상을 살아가는 지금은 그게 참 힘들다. 주님이 보시기에 그때나 지금이나 같은 날일 텐데도 말이다.

어려운 상황을 이겨 냈다고 모두가 감사하는 것은 아니다. 매 순간 하나님, 나의 주인을 존중하고 의식할 때 범사에 감사할 수 있다.

약속을 지키시는 하나님

'sam 축복 사건' 동안 하나님께 드린 기도가 있다.

"아버지, 우리가 결혼할 때 주셨던 주의 말씀을 기억하세요? 당신의 약속은 아직 우리에게 이루어지지 않았습니다."

2008년 9월 26일 우리가 결혼했을 때 하나님이 내게 주신 말씀이 있다.

> 이같이 너희 빛이 사람 앞에 비치게 하여 그들로 너희 착한 행실을 보고 하늘에 계신 너희 아버지께 영광을 돌리게 하라 마 5:16

나는 하나님이 내게 주신 이 말씀을 가지고 나가 이렇게 기도했다.

'아버지, 우리는 이제야 함께 10년(2018년 당시)을 살았고, 이제야 우리 둘이 하모니를 이루기 시작했어요. 그래서 우리 안에 계신 예수 그리스도(빛)를 사람들 앞에서 제대로 비춰 보지도 못했어요. 우리의 착한 행실을 이웃에게 보이지도 못했어요. 주님! 당신의 말씀을 우리에게 마음껏 이루어 주시옵소서.'

하나님의 약속은 반드시 이루어진다. 하나님께서 아브라함과 약속하실 때, 쪼갠 동물 사이를 스스로 지나며 사람인 아브라함에게 말씀하셨다.

"나는 여호와라. 내가 너와 한 언약을 이루리라."

'주님, 믿습니다. 당신의 말씀은 반드시 이루어집니다. 마음껏 이루어 주옵소서.'

나는 하나님께서 당신의 때에 당신의 방법으로 이루실 것을 믿었다. 온전히 믿었기에 지금까지 난 그 말씀을 잊는 적이 없다.

한편으로, 나는 모태에서 김윤상을 만들면서 하나님께서 어떤 꿈을 꾸셨는지 여쭸다.

말씀으로 세상을 지으신 것과 달리 내 아버지는 인간을 지으실 때, 흙을 끌어모으시고, 조물조물 손수 빚으시고, 당신의 입김으로 후~ 하고 생령을 불어넣으셨다.

아버지와 어머니를 콕 찍어 부부로 이끄시고 그 사이에서 김윤상을 첫 자녀로 허락하신 나의 주님은 그를 모태에서 조성하실 때 어떤 꿈을 꾸셨을까.

'아버지, 아직 당신은 김윤상을 많이 누리지 못하셨잖아요. 그의 생각에서도, 그의 말에서도, 그의 태도에서도 그의 주인 되기 원하시는 주님, 그의 모든 것을 누리기 원하시는 주님, 이제 마음껏 누리셔야지요. 아버지! 당신이 그를 지으며 생각하셨던 모든 것을 하나도 빠짐없이 그의 인생 가운데 풀어내시고, 그의 인생을 이루시고, 아버지 하나님만 누리시옵소서.'

우리는 아버지의 것인데도 스스로 이 땅에 존재하게 된 것처럼 굴 때가 있다.

'주여, 우리에게 다시금 기회를 주사, 아버지가 우리를 지으신 뜻대로 아버지와 동행하며 살아가는 은혜를 누리게 하시옵소서.'

아버지의 약속은 반드시 이루어진다. 이 믿음으로 나는 간절히 기도했다.

'하늘에서 이미 허락하신 당신의 말씀을 이제 땅에서도 이루시기를, 이미 허락하신 당신의 약속을 이제 나의 육안으로 보게 하시기를. 나의 삶 가운데 당신의 약속을 누리게 하시옵소서'.

에필로그

어느새 사고가 있은 지 3년이 지났다. 이 시간을 통해 하나님은 우리 안에서 많은 일을 하셨다. 그중 가장 큰일은 우리 가족 가운데 아들의 집을 세우신 일이다.

이전에도 예수 그리스도를 믿었고 그의 음성을 듣고 광야까지 나왔다. 하지만 'sam 축복 사건'은 우리 안에 아들의 집이 견고히 세워지는 사건이었다. 이스라엘 백성을 광야로 부르신 하나님은 그들이 광야로 나오자마자 언약을 맺고 십계명을 주셨다. 그런 다음 당신의 성막을 지으셨다.

이유가 무엇인가?

당신이 선택한 백성 가운데 함께 살기 위해서다.

많이 아프고 고되고 힘겨운 시간이었지만, 하나님 아버지는 끝내 우리 안에 당신의 집을 견고히 세우셨다. 그리고 들어와서 우리와 함께 호흡하며 살고 계신다.

아들의 집은 내 감정에 따라 세웠다가 무너뜨렸다가 하는 집이 아니다. 그 집은 텐트처럼 폭풍우에 무너지고 비바람에 쓰러지는 집이 아니다. 견고한 성전이다.

'sam 축복 사건' 이후 우리의 성정이 완전히 바뀌었을까? 아니다. 전보다는 아니지만 그래도 가끔 이전의 성정이 올라온다. 물론 아들의 집을 무너뜨리는 짓까지는 하지 않는다. 드문드문 내 성정이 올라올 때면 나는 가장 먼저 아들의 집을 의식했다. 그랬더니 자녀와의 관계가 깊어졌다. 부부관계도 더 친밀해졌다. 무엇보다 주님과 소통하고 주님으로부터 격려를 받으니 세상은 차갑지만 든든한 평안이 차올랐다.

이 평안으로 당신을 초대하고 싶다.

'sam 축복 사건'이 축복 사건이 될 수 있었던 것은 내가 알지 못하는 곳곳에서 수많은 사람들의 간절함이 하나님께 올려졌기 때문임을 나는 안다. 그렇기에 더더욱 내가 소유한 이 보물을 나만 두고 볼 수 없다.

너무나 개인적이고 소박한 이야기를 쓰려니 처음에는 몹시 부끄러웠다. 이 글을 누가 읽을까.

하지만 모든 것을 당연하게 여기며 살아온 당신에게 그 당연한 것이 얼마나 귀한 것인지를 이야기해 준다면, 그래서 그 인생이 감사로 가득 차게 된다면 얼마나 귀한 일인가. 또한 나처럼 사랑하는 사람의 아픔으로 실의에 빠진 당신에게 위로가 된다면 그것으로 충분하지 않은가.

나는 그런 마음으로 이 글을 썼다.

'당연한 것은 아무것도 없다.'

오늘 내가 누리는 이 모든 것은 하나님의 은혜로 주어진 것이다. 우리를 불러서 주님의 은혜를 깨닫게 하신 하나님께 모든 감사와 영광을 고개 숙여 올려 드린다.